風吹稻花香兩岸

Rice Fragrance Breezes over the Riverbanks

一個外省人的台灣回憶

Retrospect of a Migrant Life in Taiwan

黃雅純
Yachun Huang

壹嘉出版 ｜ 1 Plus Books
舊金山 ｜ San Francisco ｜ 2022

2022 1 Plus Books® 壹嘉出版 Paperback Edition
Published and Printed in the United States of America
Copyright ©2022 by Yachun Huang/黃雅純

Author/作者：Yachun Huang / 黃雅純
Title/書名： Rice Fragrance Breezes over the Riverbanks / 風吹稻花香兩岸
Subtitie/副題：Retrospect of a Migrant Life in Taiwan/一個外省人的台灣回憶
Series/叢書名：1 Plus Personal Histories /壹嘉個人史

ISBN: 978-1-949736-52-6
All Rights Reserved 所有權利保留

Publisher/出版人：劉雁
Cover design/封面設計：壹嘉出版
Illustraion/插圖: 黃雅純

Retail price/定價：$19.99
San Francisco, USA   2022
http://1plusbooks.com
email: 1plus@1plusbooks.com

目 錄

序一 大道不孤，正道遠行
——序雅純新作《風吹稻花香兩岸》　古銑賢　i
序二　個人史的另一種寫法　　　劉雁　　v

向上代致敬（自序）　　　　　　　　　1
一. 南門市場的炸圈餅　　　　　　　　4
二、玉兔燈籠　　　　　　　　　　　12
三、Bonjour, bonjour!　　　　　　　18
四、友誼的泡菜味　　　　　　　　　39
五、白鰻傳奇　　　　　　　　　　　60
六、留取丹心照汗青　　　　　　　　71
七、都一處的午餐　　　　　　　　　87
八、北京的義大利餃　　　　　　　　98
九、母親的手　　　　　　　　　　　103
外篇一　蝶年　　　　　　　　　　　116
外篇二：从天山走来　　　張祖華　　202

感言　　　　　　　　黃雅純　　221

大道不孤，正道遠行

——序雅純新作《風吹稻花香兩岸》

著名彩墨畫家
舊金山中華藝術學會名譽會長　古銑賢
北加州華人傳播媒體協會前會長

疫情期間朋友間偶而也只能用微信或電郵互通有無，目前深居于舊金山南灣的名著家黃雅純却沒有閒著，這段時間正好給了她在寫作上更多沉澱的機會，她寫作的才情就如韌土深挖，井噴式的瀑湧，續她數年前才出版了"紐約儷人行"、"南寧舊事"鴻篇巨著後，今又洋洋灑灑地完成了十篇散文，八萬餘字，包括有感懷、感恩和懷舊的故事，我因機緣有幸先睹為快。藝文界有一句銘言"畫品如人品"，雅純文如其人，端莊嫻淑，妙筆文心，對這句話在她的作品中和與朋友交就是最好的詮釋：她溫厚醇雋的筆性，用字優美，其溫如玉，流露出誠摯的感情，不論文中影射的人或事，是懷舊或敍事，意蘊雋永，娓娓道來恍如時光倒流，有如置身其中，令人感觸良深，低迴不已。

雅純這十篇作品熔歷史性、傳奇性、言情性和文學性於一爐，如第三篇《Bonjour, bonjour》就是回憶當年有如鳳毛麟角的傑出女記者，她的姑媽黃國珠，其曾採訪過諾貝爾獎女作家賽珍珠、當時出任美國副總統的尼克森和國共和談中關鍵人物周恩來等名人，却在那動盪的大時代，才華出眾的夫婿張煊隨着太平輪的沉沒不幸寃沉海底，從此天人永訣。遭此厄運，她也同其他同船受難者的家庭一樣頃刻碎片化。文中加入她姑媽與其遺腹女的心理失衡，突顯了親情和人性的衝突，是她姑媽一生的痛，扣人心弦。這是那代人的共同記憶，也是時代的悲歌，令人不忍卒讀，那又豈只是余光中美化下的詩句——淺淺的台灣海峽？又如第六篇——《留取丹心照汗青》，這篇是描述她的公公，正是她夫婿的父親林文奎將軍軍旅生涯的際遇，由於當時主事者的剛愎自用，誤判情勢，埋沒了一位優秀的將官，令其有志難伸，報國無門。幾度風雨幾春秋，林將軍後人——林中斌（曾任中華民國國防部副部長、陸委會副主任）、林中明（電腦芯片專家，史丹福大學訪問學人）昆仲遵照父親的遺願，不令其因歲月的延宕而湮沒，將林將軍1945年臺灣受降時收到的日本武士家族的兩把寶刀分別由臺灣和美國會合後，輾轉送到南京抗日空軍烈士紀念舘永久典藏，獻給為抗日戰爭中遭受屠殺苦難的南京軍民，為台灣的回歸、為日本帝國主義侵我中華歷史作最有力的見證。這是林將軍一生戎馬的夢，也是林家三代傳承的中華魂。這篇戰爭時期的史實記述，全篇文字不見烽火硝煙、碧血長空的壯烈，卻引導着讀者重溫抗戰史，"不信青春喚不回，不容青史盡成灰"，雅純鈎沉歷史和對文字的駕馭功力，可窺其全豹矣！

行筆至此我還要為讀者再推薦一篇《都一處的午餐》，是描述著者的父親和素有外交才子之稱的葉公超大使的莫逆情誼，也是鄉誼。雖然雅純的父親和葉公因年齡的差距結成忘年之交，但他們兩人的際遇却相去不遠，都曾在不同的崗位為國干城,一個棄文從政,在當時台灣在國際上正處於艱困的境地,葉公憑其外交長才在任駐美大使期間,深受艾森豪、甘迺迪、邱吉爾等西方領袖的肯定,有助於台灣地位的提昇,並於1960年安排美國總統艾森豪訪台、簽訂中美共同防禦條約等功不可沒,但卻因外蒙入聯事件被當成替罪羔羊而不見容於當道,甚至被急召返國後"不告而囚",故有評論家對這位學貫中西,詩、書、畫極具造詣的葉公超,謂其"擅離文學樂土,亡於政治叢林"。至於雅純的父親原本就出生於銀行世家,學而優則仕,抗戰勝利就派往台灣接收銀行,以壯年之齡即委任為台灣承先啟後的經濟特區——高雄加工出口區的首任銀行主管,卻因表現傑出反遭小人覬覦和誣陷,心灰意冷之餘而急流勇退。這兩位老廣,惺惺相惜,暇中經常借當時極受食客歡迎的"都一處"小舘一隅閒話玄宗。他們兩位在台灣建設初期對政治和經濟的穩定都發揮了一定程度的作用,但生當轉型易代之際,大浪淘沙,難遂其志者豈止這兩位番禺老鄉?著者雅純藉"都一處"控訴當時領導階層的不公,對政治叢林哲學的現實和無情,筆力千鈞,令人唏噓婉惜不已!

最後值得推薦的還有《蝶年》,這是分兩期登載於《皇冠》雜誌的中篇小說,描寫的雖是三個1960年代高中女生的文學啟蒙,但卻試圖寫盡其中兩位桂系白崇禧將軍屬下退伍後在台灣的心理狀態,為國從戎參加抗戰卻流落異鄉,關山阻隔,思念親人的無奈和痛苦。讀完該篇不禁使我回想昔日服兵役時有一位江西籍的藍姓中尉,他因抽煙而滿嘴黃牙的口中感嘆地說出當年在家鄉新婚的次日,一早起床到河邊倒馬桶,就被拉伕當了兵,對新娘來說只當了一夜夫人,郎君就此消失在人間。這都是當年戰爭造成的罪惡！悠悠歲月，但願人間再無苦難。

趕在雅純這本作品集付梓前夕，就讀後的篇章略抒感懷，為誌、為序、為賀！

寫於2022年壬寅白露後二日

個人史的另一種寫法

壹嘉出版总编辑　劉雁

雅純姐這部著作的原題是"舌尖上的兩岸記憶"。剛拿到書稿時，我以為它會是那類以美食展現生活旨趣的精巧性靈文字。

雅純姐的文字也的確清雅靈動。然而，這部薄薄書稿的內容與分量，都遠遠超出美食文學。我一口氣讀完，中間停下來幾次，只是為了把盈滿眼眶的淚水咽回去。

從"我"兒時最愛的臺北南門市場的炸圈餅，到同樣因才幹遭嫉恨而賦閒的忘年交——父親與葉公超相聚時最愛的"都一處"的燒餅，從幽居家中的抗日空軍將領林文奎的皮蛋豆腐，到因為太平輪事件而無人問津的1949除夕家宴……雅純姐用這些美食串起來的，是她作為一個在臺灣出生的"外省人"，對滋養她成長的那方水土的眷念，是她對千方百計為孩子們遮風擋雨，讓他們健康成長的父母長輩的感激與懷念，更是一個成年人回首憒懂往事，對當年身處其中而不自知的歷史的重新發現。

《南門市場的炸圈餅》中，年輕時的媽媽常常情緒陰晴不定，要爸爸好言相勸才能破涕為笑。雅純姐寫道，"我一直想不通母親為何會如此反常，直到我歷經世道情殤，才明白了她的淚。她的四川親人曾婉拒了父親的好意，不願離開天府之國而移居臺灣，因而國共分裂後，鄉音渺然，她孤身寄居孤島，唯一能給她安全感的只有父親。她跌入遙遙天涯不見歸路的思鄉陷阱作困獸之掙，她這股幽怨在聚會時卻必須強顏裝笑，這壓抑的不安與憤怒便一股腦兒發洩在帶她出川的父親身上，而那鐵盒的秘密，我到上學識字後才解密，那小小的鐵盒裏珍藏的是殘存的家鄉痕跡，那是互訴千里親情的信件。而1949年後，時間斷裂，過去驟然停止，家鄉只能在薄薄的紙張上尋找！眼淚就是她沈默的吶喊。"

"時間斷裂"是什麼感覺？如果我們過去不曾體會過，現在該體會到了。就是這個小小的鐵盒，讓我讀這部書稿時第一次淚眼婆娑。

那個動盪的時代給這個家庭帶來的震盪衝擊，還遠不止此。"Bonjour, Bonjour"中，記錄了兩次家宴：一次是1949年的除夕，全家與懷孕的姑媽一起，一邊操持年夜飯，一邊等待著去迎接正乘太平輪渡海前來團聚的姑父。另一次是1954年，家中大人們使出渾身解數，擺出一席像樣的法式大餐，為了迎接法國外交官夫婦，將當年姑媽腹中的孩子，也就是因為太平輪事件而成為遺腹子的"我"的表妹，交給他們帶走。

當年還是孩子的"我"，只能從大人們的言行中感受到席間的不尋常氣氛。今天的"我"，根據兒時的記憶和所搜尋到的歷史資料，終於能夠復原姑父的身份、他與姑媽相遇相戀到結合的經過，以及姑媽和表妹身世命運的前因後果。"太平輪事件"給這個家庭所帶來的巨大影響，就此一層層剝開，呈現出來。此時我們再回過頭來讀文章開頭部分的這一段，當會別有感受：

"我家的大人都為除夕團圓飯大展身手，忙了好幾天，準備以最拿手的吉祥菜來迎接牛年，大家絕口不談時局，因為春節只能說吉祥話，不能嘴巴犯忌，召來晦氣，雖然誰也不知道佔有大半江山的解放軍是否將在牛年過海，但他們這一代經過無數驚濤駭浪，已學會今宵有酒今宵醉的瀟灑，把一切都交給了命運。"

時代大潮之下的我們，難道大多數不都是持著同樣的態度嗎？明知命運的權杖之下，無可躲藏，只能不去想它、不去談它，裝作它不存在。只不過，有的人，如姑媽一家，被命運的巨浪迎頭打翻；而有的人，雖僥倖躲過這一次，然而如雅純姐在本篇最後所說，"'人生無根蒂，飄如陌上塵'，那烽火連天的一代，許多人搭上的都是霧中的另一條太平輪！"

全書由九個中短篇作品組成，另加兩個外篇：一為雅純姐的中篇小說"蝶年"（原名"那年，蝶年"，曾發表於《皇冠》雜誌2014年729、730兩期），一為姑媽的長女，當年因生麻疹被留在大陸的表姐祖華的自傳《從天山走來》。《蝶年》雖為虛構，其中所反映的赴臺老兵的生活卻是真實的，且同樣地撼動人心。《從天山走來》則讓我們看到了姑媽一家的命運的另一面。

本書的文體與"壹嘉個人史"系列的其他各書有些不同：其他各種重在史實的挖掘整理，和個人生活的回憶記錄，而本書的側重點更多在個人感受，更偏於文學寫作。但首先，全書的記錄是基於真實的個人生活，其次，對於那"烽火連天的一代"，雅純姐進行了初步的探索之外，也提供了很多極有價值的線索，如原陳納德機要秘書，臺灣首任空軍司令林文奎將軍赴臺後的境遇，曾為抗戰時期文藝界活躍分子的作家、出版人的姑父張煌的一生，等等。其中許多史實，有待雅純姐或者其他有心人進一步發掘、完成。加上貫穿全書的沈重的歷史感，徵求了雅純姐本人的意見後，我決定將它納入到"個人史"系列中來。畢竟，歷史並不只有一種寫法。

蒙雅純姐不棄，囑為序。付梓前草成。

2022年9月20日

于加州 Cupertino

向上代致敬

（自序）

據說我是有驚無險地來到這世上：母親大著肚子懷著我時，和父親一起受邀赴台灣本省習俗的大拜拜宴席，在夜深回家的路上，司機開車穿過鐵道時輪子竟然卡在鐵軌上，久久動彈不得。一列火車由遠而近急速駛來，來不及煞車，只得鳴笛示警；司機在千鈞一髮之際，把輪盤打向火車行駛的同一方向，當被火車撞上的那一剎那，車子順勢彈出了鐵軌，脫離了險境，全車人大難不死，毫髮無傷。因此，我這趟人間之旅不但得感謝父母，還得感謝那位臨危不亂機智的司機。

父母提到這事總是輕描淡寫，但卻在我潛意識裡萌生了對生命歷程緣起緣滅的思索，也十分感激父母生我在戰後的時空，我幸運地避開了上代烽火連天的苦難。

我生於台灣，是外省第一代。那是外省人被迫浪跡台灣，望鄉不見歸路的年代，他們流徙孤島，心在祖地，這抽刀斷水水更流的感情在動盪的世道裡，只有默默索求於舌尖上，細細的吸啜並品嚐從茶香到稻香的熟悉記憶，慰藉基因種子裡深植的土香。然而他們卻在悲苦中極力給予他們下一代快樂的生長環境。雖然夜裡他們常在思鄉的夢裡流淚醒來，但總在白天到來之前抹乾眼淚，微笑面對孩子，掩飾傷懷，繼續敘述家鄉的美麗，描繪他們不知何時才能再見的父母親人，讚嘆大陸山河的錦繡，深怕孩子們忘了自己的根。他們擔當了中國人重視教育的優良傳統，如同他們父母滋養他們那樣培育我們，我的老師中有許多曾經是士紳、名門、學者、抗日英雄，他們坦然地放下過去，在這風雨交加，驚濤駭浪中如一葉扁舟的島上默默地為我們擋風遮雨，用博大精深的中華文化一點一滴地灌溉著我們，使偏居一隅小島的中華兒女在宏博傳統文化的基墊上繼續充滿了自信與驕傲；當我們長大成人，他們又盡己之力，送我們到國外留學，使我們擴展世界觀，有機會在更大的舞台上一展宏圖，我們這代在他們的呵護栽培下有幸出了許多在各領域上成就非凡的人物，我們的上一代是了不起的一代，他們抗日時犧牲自己，挽救了危難的國運，又在離鄉背井中重新站了起來，把火苗傳遞下來，我這千年修得與之同船的緣分是何其有幸。

我寫《風吹稻花香兩岸》的動機就是向我們的上一代致敬。舌尖能體會酸甜苦辣，對他們，這味道不但濃重還直達他們顛簸流離的心。而我，在經歷了大半人生，纔真正吃出這複雜又細膩的真味。

他們大多已經凋零，然而，他們影響了歷史，影響了我們，對我而言，他們並沒有消失。

作者
2022 年 11 月 22 日於舊金山灣區

他把我放在他身前腳踏車的橫桿上,
我緊緊抓牢了"龍頭",
歡天喜地出發了。

一. 南門市場的炸圈餅

（原刊美國《紅杉林》雜誌）

　　我出生那會兒，台北是個安靜的小城，行政區在舊城門內，處處都是木製日式平房，我家對面就是植物園，算是"中心區"，離"總統府"只有大約四五百米的距離。室內雖只有三四十坪，但院子卻比房子大，種滿了熱帶果樹和花草，院中有一棵高大多產的芒果樹，還有個私家小防空洞，洞內下雨的積水常生出蝌蚪。籬笆外就是舊時的"總督官邸"，我還清晰記得，小時站在防空洞上扒著竹籬笆親賭總督府前拍間諜電影時燈光如畫的熱鬧場景。

　　那時台灣剛光復，父親在二戰結束後即隨員接收銀行，那時他還不到三十歲，是金融界少俊，很快就愛上這個亞熱帶島嶼，鼓勵親戚移居於此。我是台灣出生的外省第一代。我父親在家族中算是大家長，全力支助家鄉親戚們來此發展。

　　那幾年，家裏住滿了人，幾乎是一張榻榻米睡一個人，人氣頗為壯觀。那小小廚房端出的美味比現在的米其林餐館還精彩多樣，各家帶來不同的菜譜秘笈。雖然不久風雲大變，圍牆外瀰漫著1949後顛簸悲苦的離鄉鬱抑，但這避難所卻是舌尖的天堂。直到堪憂的局勢和治安逐漸穩定，成員各自成家立業後才陸續搬離。

我母親和眾親戚相處融洽，現在回想，那是多不容易的事。半世紀後，當他們都步入耄耋之年，回顧一生，追憶剛到台灣的情景，還不時感謝我母親作為"大嫂"的寬容大度！

然而，在溫馨和諧"大家庭"的童年記憶裏，獨有一事卻是如此不協調，因而深深地烙印在我的幼小記憶裏。那是個赴宴前的景象，母親正在鏡子前面細細地化著裝，化著化著，突然把眉筆生氣地往桌上一擲，抽泣起來。幸好這時父親極有耐心笑咪咪地哄著她，等到母親哭夠了，重拾眉筆化完妝，兩人才雨過天晴地出門。

除此之外，她常私下打開一個鐵盒，裡面厚厚一疊紙，看著看著，她便泣不成聲。

她的情緒給了我人生第一次悲苦的震撼，我看到的是一個陌生的母親，一個情緒失控，莫名其妙流淚的母親。她的眼淚讓我既心疼又無助，卻種下了我悲憫的種子。

我一直想不通母親為何會如此反常，直到我歷經世道情殤，才明白了她的淚。她的四川親人曾婉拒了父親的好意，不願離開天府之國而移居台灣，因而國共分裂後，鄉音渺然。她孤身寄居孤島，唯一能給她安全感的只有父親。她跌入遙遙天涯不見歸路的思鄉陷阱作困獸之掙，她這股幽怨在聚會時卻必須強顏裝笑，這壓抑的不安與憤怒便一股腦兒發洩在帶她出川的父親身上。而那鐵盒的秘密，我到上學識字後才解密，那小小的鐵盒裏珍藏的是殘存的家鄉痕跡，那是互訴千里親情的信件。而1949年後，時間斷裂，過去驟然停止，家鄉只能在薄薄的紙張上尋找！眼淚就是她沈默的吶喊。

雖然那幾年母親如島內亞熱帶的颶風，瞬時可晴可雨，但我卻是在父親安全的羽翼下漸漸"涉世"的。他是南方人，心思細膩，充滿浪漫情懷，喜歡帶著孩子隔三差五地設壇，祭拜數不清的山川神祇，從花神、王母娘娘、月神等等到一連串的家鄉傳統節日，祭壇上總是放滿小點，我的舌尖永久留住了這童年神奇的記憶。

我父親中學時就讀於香港，那時的香港電影公司已具相當規模。他迷戀影劇，常徒步一小時，去中環山坡上的電影公司學習導演，想必這各種名目的祭壇是他壯志未酬而精心設計的小舞台，孩子們便是他的演員。他有時也要我們為他打扮成不同的角色，指導我們用棉花將他化妝成老人，用毛筆往他臉上亂塗一番，畫成個連孩子們自己都嚇哭了的臉譜。當年物質匱乏的環境里，父親就是這樣苦中作樂，導演了我的甜蜜童年。

我舌尖被他慣壞的精彩時刻就是每每到他的休息日，便會吵著要跟他上擺滿各式美味攤販的南門市場。我祖父曾開創廣西第一家民辦銀行，是法式"南寧酒店"和廣式大酒樓的東主，我父親舌尖上美食的經歷等於厚厚的一本廣東食譜。他喜歡下廚，他是通過自己下廚，用舌尖回味那酸甜苦辣的思鄉情懷和童年記憶，南門市場變成了他尋找"舌尖上古玩"的神聖之地。我總是星期日一早就穿好鞋子，等在他的腳踏車旁，不放過和他一起上菜市場的探密時光。

他把我放在他身前腳踏車的橫桿上，我緊緊抓牢了"龍頭"，歡天喜地出發了。

我到了南門市場，早已盯準了我舌尖的獵物，那是橢圓形兩端帶尖的油炸餅。我總是迫不及待地搖著父親的車龍頭，口裏鬧著："要炸餅，要炸餅"，直到他在那油香噴鼻放滿了誘人的炸餅攤前停下，我才罷休。父親當然知道我執意吵著來南門市場的目的，毫不猶疑地買了餅，耐心地吹涼了，交到早已食指蠢蠢欲接，兩眼發亮的我的小手中。我滿意地吃進了終生舌尖首認的"絕妙美食"，自此這記憶便庫藏在一生抹不去的潛意識里。

父親去世那年，我陪母親回台處理父親遺產。那是二十一世紀的第一年，我自從大學畢業來美留學後，又教書多年，每次來台都是行色匆匆，這次歸來，忙碌之餘，想走遍曾到過的每一個角落，充滿舌尖上記憶的菜市場當然也不會放過。

一日，我獨自興奮地逛著離住處不遠的菜市場，每一個攤位都勾起我舌尖上台灣的快樂回憶。

突然一個熟悉的香味吸引著我的舌苔，我在眾攤中四處探尋，一眼就找到了那個炸著圈圈餅不起眼的傳統油鍋和一排剛炸好的油炸餅。久遠早已模糊的南門市場童年記憶瞬間喚醒，我不自覺地走到那攤位前，買了個油炸餅，放在嘴裡吃著吃著，熟悉的香甜味中竟含著濕濃的鹹味，那是我的眼淚。我在那一刻才真正知道失去父親意味著什麼，我很想再用我們一貫輕鬆開玩笑的口吻問他：

"爸，你記得我小時為什麼總愛跟你上南門市場嗎？"

他一定會毫不遲疑微笑地給出答案："還不是想吃那炸圈餅嗎？"

我滿臉淚水，壓抑著抽搐地低泣著吃完了我的炸圈餅，居美多年，甜得發膩的圈餅donut從沒喚醒我任何兒時的聯想，但此時此刻，我淹沒在童年舌尖的記憶裏，像個溺水無法自救的四歲孩童！

而手上這油炸餅的滋味與記憶里半世紀前南門市場的那個四歲女孩吃到的卻差之甚遠，是這家攤位的調味不同嗎？其實油炸餅在台灣是很普通的小點，做法極為容易，不必特殊秘方，哪家做的都差別不大，不外是揉好的麵粉加糖放在油鍋里炸得皮脆肉酥，然而我為什麼對南門市場吃到的油炸餅如此嘴饞？我在這一刻恍然大悟，因為南門市場的油炸餅是加上了父愛的秘方和父女的親情！

父親從未出手打過我，也從不提高聲調訓斥我，自我出生那一刻他就尊重呵護我幼嫩但完整的自我靈魂。我自小撒野得像個男孩，小名是封神榜的搗蛋鬼："哪吒"，幸好他明白這就是我的天性，只要沒過分出格也就不必用高高在上的權威以他的理想和喜厭來塑造他的女兒。但是他並不縱容我，在我犯錯時，他會及時用他悲憫溫和的語調提醒我。

如今，我歷經紅塵數十年，在萬緣中撻伐得遍體鱗傷後，成長智慧了的我回首千山萬水，才看到這一路對我棄而不捨的惟有我的父親，他始終默默地跟在身後，舉著隨年齡逐漸黯淡的火把，照亮我腳下的路。他不是個完人，他也有凡人萬般的無奈，但他卻是最愛我的男人，他是惟一能包容我一切的至愛！

四歲時的油炸餅為何如此美味，因為就是它，讓我在懵懂渾沌，初有味覺時就通過舌尖品嚐到了一生靈魂最完美的滋味！

他一定也有個快樂的童年，我能從他眼眸看到那童心：

童年是父親最長的夢,
玉帶河總繫在他腰間,
流浪者疲乏的腳步終於停下,
記憶的河水年年氾濫:
甜的雨滴,
兒謠的風,
娘的山歌,
爺的祠堂。

我抓著玉兔前端的繩子,
毫不費力地拖著玉兔出門去炫耀了。

中秋玉兔望月懷鄉

山大月小知月遠

思鄉覺月遮半天

玉落人間何處家

肚明心安不待言

壬寅八月初二 硒谷明者

林中明先生題詩並書

二、玉兔燈籠

（原刊美國《紅杉林》雜誌）

小時每到中秋，大人就指著那一輪明月，煞有介事地說："看，月亮裡住了個偷吃仙丹飛到那裏的嫦娥和陪著她的兔子！"

我半信半疑惑地橫看，豎看，睜大眼看，瞇著眼看，就是看不到連個影兒也湊不出的嫦娥和兔子。我隱約知道這是大人的"善意謊言"，裝作若有其事地找："在哪裏啊，指給我看看！"

大人就認真地把手臂伸得老長，比劃著："沒看到？喏，那就是嫦娥的身子，那就是正在搗藥的兔子！"

他們扮演的是他們父母當年"文化傳承"的角色，我當然也像他們小時應付他們父母一樣，立即配合演出："啊，看到了，看到了！"

其實這傳了千年的故事只能騙騙三歲孩童，稍長都知道信了才是傻瓜，但那就是文化傳承下的親情傳遞，在中秋夜讓後人抬頭多看一眼，流傳下許多美麗的詩歌。

無論如何，那是個舌尖歡騰的節日。中秋前的幾天，大人穿街串門，互贈月餅，比任何音樂更美的電鈴聲便在自家和左右鄰居的巷子裏此起彼落，孩子搶在大人前面去開門，進了屋便迫不及待地打開盒蓋，但，吃了兩口就膩了，再試另一盒不同的口味，當嚐遍蘇式、廣式、台式等等各種各樣的風味後，舌尖上的好奇很快痲痺，乖乖地把堆得小山似的月餅歸還給大人，再也不想碰了。

為了讓在孩子活在嫦娥神話的飛天自由世界，過得更像個無拘無束的孩子，父親加把勁營造氣氛，自己親自下海，動手做起"玉兔燈籠"。

現在回想，要做個玉兔燈籠實在不是件簡單的。那年頭，元宵才展示的這種工藝品是買不到的，而且在當時物質簡陋的五十年代，只有專業者才知道如何選購材料。

台灣遍地長竹，任何竹器店都不難買到兔子骨架的竹片，但貼附在竹架上的黃色透明紙就得到特殊的文具店找。此外，木輪子必須滑溜穩當，能讓七歲的孩子輕易拖著走，蠟燭又不致震倒。但真正的挑戰卻是湊足了材料之後的手藝：紙要穩當而密不透風地繃緊在竹片上，以免萬一漏風，肚子裡的蠟燭火苗一歪，那就將瞬間燒毀費盡心思才完成的玉兔！

台灣當時外貿正剛起步，負責銀行"國外部"的父親分外忙碌，但他居然奇蹟般地在中秋節一早，把一隻只比我身高小一點的漂亮的"玉兔燈籠"完整地放在我的眼前！

那夜傍晚，一輪明月升起，爭氣的中秋之月果然不負眾望，比平日的十五滿月都圓滿明亮！

這時親友已歡聚廳堂，滿桌的菜餚不但表達了我父親身為大家長的凝聚威信，也帶來家族永遠平安團聚的期盼。

大人的節日是靠舌尖來慶祝的，孩子們的節日是要看大人如何變花樣的。

當明月凌空，已到濃夜時，大人把藤椅挪到院子，打開畫著嫦娥和月兔的盒子，小心翼翼地將月餅切好，放到口裡，嘴裏品嘗月餅，眼裏映著月輪，當幾杯白酒下肚，思鄉愁腸迅速燃起。此刻，只有對月互訴千里鄉懷。家鄉遙遠如夢，此情何時了，只有杜甫的詩"人生不相見，動如參與商"能說得透徹。

我當然沒有家鄉的記憶，只知道這是個快樂的節日，肚子吃得鼓鼓的，如大人點亮了的玉兔燈籠的圓鼓肚子，橙黃溫潤的亮光溢滿花園。大人從感傷中甦醒，眼光從幽幽多情的月亮收回，嘖嘖稱奇："伍哥做得燈籠就跟我小時中秋節玩的一樣啊！"

他們看著兒時熟悉的玉兔，快樂的思緒重新燃起，父親對我說："要小叔陪著你去玩燈籠吧！"

我抓著玉兔前端的繩子，毫不費力地拖著玉兔出門去炫耀了，左右賞月的鄰居當然都沒我這獨家的"奢侈品"，孩子們立刻圍攏過來，羨慕地跟著玉兔，我昂首挺胸，一路逢人便說："看，這是我父親做的"，"看，這是我父親做的"，我富裕驕傲得像個獨擁月亮的嫦娥。

人類第一次登上月球是1969年七月二十日，我和家人緊盯著電視螢光幕，看著阿婆羅十一號將人類的足跡首次送上月球的那一刻，老一輩無限感傷，為科學揭穿千古美麗的神話而遺憾。其實他們早知道嫦娥飛月絕無可能，但那已成為他們對月亮的文化依賴，那幾乎代表他們一生藉著月亮累積的情感和記憶！

我那時已是少女，我們那一代是嬉皮世代，是以叛逆為己任的一代，我們歡欣迎接科學實證，慶祝人類登上月球。如今我已超過當年父輩的年歲了，漸能理解那一輩在當日的憂懷。1969年月球太空人宣稱："我的這一小步是歷史的一大步"，的確翻轉了世界格局，人類的競賽從此從地球升級到外太空，誰佔有制高點，誰就有機會主導世界。

反思千百年來人類各自對宇宙萬物的景仰和返想就如同東方藝術的留白，萬物由心起，是否"不可說"給了心靈更大更無邊的自由？是否這就是老子的哲理："絕聖棄智，民利百倍"？

而我，自從1969年後，以科學求證，自以為是，加上閱讀大量推理小說，對后羿之妻嫦娥奔月的故事居然有了新的闡釋。后羿是否在發現嫦娥和寒浞"搞婚外情"後，一怒之下殺妻洩憤，編了個嫦娥奔月的神話，成功蒙騙了相信天地萬地皆有神靈的無邪子民？若同樣的家變發生在現代，這樁悲劇是極有可能發生的。1969年，我失去了純真，嫦娥的美麗神話居然變成了一樁千古奇案，我真的是大大的不肖，有愧先賢！

如今八月十五望著完美無缺的中秋月，我被剝奪了千百年來世世代代以嫦娥仙女唬童造神的權利，我早已記不得童年時吃過的所有舌尖上月餅的滋味。即使我喪失了對月的幻想的權利，但我永遠記得那個"玉兔燈籠"，那個祝願孩子有個完美童年記憶的父愛，那不是科學的計算，那是無法衡量的慈心！

中秋月

中秋月是
夜貓的眼睛,
悄悄地,
張開,
從弦月到
一輪亮透的
圓月。
調皮的她,
踮著時間的猫步,
無聲無息,
消失在窗外
玩捉迷藏
時而對你貼心馴服
時而利爪出掌
溫柔又任性
她總是逍遙自在,
自顧自曲捲著,
如高僧入定,
悠然自得。

太平輪是如何會在離開上海不久就沈沒了的?
至今無人能說得清楚。
總之死亡人數上千,屍骨難尋,
包括我那才三十出頭才華出眾的姑父。

三、Bonjour, bonjour!

（法文：早安）

（一）

我的第一堂法文課是在家裡學的。會說法文的父親在牆上掛滿了法語白條"大字報"，還請廚子做好法國菜送過來，提醒孩子們，當客人來時，要打聲招呼，說聲"bonjour"。除了這個悅耳的 bonjour，其他掛條上的詞語我至今早已忘得一乾二淨，因為許多字要抖著小舌發音，和漢語很不同，試了好一會，總還是說得陰陽怪調。最後父親無奈放棄，孩子們一哄而散，口中還得意洋洋地唸著那剛學會而最容易的"bonjour"，一蹦一跳，玩耍去了。

那年是1954年，父親正忙著準備在家裏招待法國大使館參贊。

為了這貴賓的到來，父親竭盡所能，傾囊接待，我們一大家子都要和這優雅的法國夫婦用餐。

幾張方桌西湊東拼，鋪上桌布掩飾，方能像個西餐長桌，上面井井有條地放了同款的刀叉和小碟，桌子中央是玲瓏滿目的法國點心。

大人忙碌著佈置時，孩子們在桌前桌下鑽來竄去，孩子們眼中，這裏瀰漫的是新奇浪漫的法國情調，空氣里盡是歡慶節日的奶油香。

然而,孩子們何嘗知道大人的心中卻是苦的,因為法國夫婦是要接走我的表妹,這是一場告別宴!

表妹比我小一歲,她是個遺腹子。

她生在太平輪事件不久,她父親從未有機會抱她,細看這女兒長什麼樣!

一九四九年一月初,她的父母從香港到台灣探望我父親。她的父親張煒是頗有名氣的文化界人士,母親黃國珠(別名:張魯琳)是當代鳳毛麟角的女記者,抗戰時任職桂林《大公報》,桂林淪陷後就職重慶《世界日報》,戰後遷調《上海大公報》,後又主持《天津-香港兩地大公報》,曾在國共和談中採訪重要的關鍵人物,其中就有周恩來總理。她一生訪問過包括尼克森總統(當時還是副總統),諾貝爾得獎女作家賽珍珠等世界名人。

他們剛到台灣,就傳來上海時局動亂,金融崩潰的消息。我姑父抵台十天就決定回到上海,將出版社遷址到戰事尚未波及的一隅海島——台灣,暫避烽火。那時,我姑媽已懷有幾個月的身孕。

這天是西曆一九四九年,一月二十八日,舊曆除夕早上,我家的大人都為除夕團圓飯大展身手,忙了好幾天,準備以最拿手的吉祥菜來迎接牛年。大家絕口不談時局,因為春節只能說吉祥話,不能嘴巴犯忌,召來晦氣。雖然誰也不知道佔有大半江山的解放軍是否將在牛年過海,但他們這一代經過無數驚濤駭浪,已學會今宵有酒今宵醉的瀟灑,把一切都交給了命運。

姑媽捧著圓滾滾的大肚子正獨自坐在藤椅上,她有意避開擁擠的廚房,怕傷了肚子裡的孩子。偶爾聽到不時傳來女眷們大聲交換獨家秘方的笑聲和砧板上切剁時的輕快節奏,空氣里瀰漫著熟悉的家鄉美饌,刺激著她的舌尖,幾個孩子在院子里放鞭炮,五歲多的大兒子和表弟表妹們正鬧得歡,一幅童子戲耍的年畫。雖夫婿此刻不在身邊,但已打來電報,上海的業務順利辦妥,除夕今夕會回台北與她重聚。他們婚後從沒相隔如此之遠,上海與台北的距離不是地理上的天涯地角,是牽腸掛肚的相思,尤其在烽火連天的此時!

我父親從銀行借來一部大車,計畫午後和姑媽一同去碼頭迎接張煌的歸來。太平輪到達基隆港的時間是下午五點到六點。

姑媽在等待中覺得時間慢得揪心,但繼而一想,久別勝新婚,感情或許更別有一番甜蜜,他們會互訴衷腸,開心地迎接肚裡的寶貝,這即將出生的孩子是男?是女?這未知像是命運安排的又一齣戲劇高潮,如同他倆初見時的彼此驚艷。

她憶起抗戰的那一年,1939,她在廣西大學的第三年,日軍攻佔了廣西首府南寧,家人四散逃難,身為商界要員的父親為避免被日軍利用,逃出了南寧,從此音訊全無。她從衣食無憂的嬌嬌女一下子失去所有的經濟後盾,必須獨立賺取學費和生活費。好在她成績總是名列前茅,教授幫她在學校圖書館謀得一份差事,又因她出色的文筆,將她推薦到報社當記者,才使她勉強度過難關!

一天,她在圖書館偶爾瞥見一本薄薄但封面出色的雜誌《創作月刊》，吸引她好奇翻看，見內容多是北方避難桂林一隅的文人騷客的隨筆，有些名字還十分熟悉，例如巴金、魯迅等。

這幾年桂林人文薈萃，作家雲集，南下無數的北方學術和文藝名流選擇駐足於山水甲天下的灕江古城，因此桂林的出版業欣欣向榮。這本雜誌是諸多雜誌中的一本，最吸引她的是最後一頁的幾行字：「歡迎你為我們投稿，我們稿費合理。」

看來這又是一個可以解決她目前經濟窘困的機會，她寫了一篇感慨國破家亡的文章，寄了出去。

很快編輯來了回信：「我非常喜歡妳的文章，但有些細節想與您討論後再登載。」

編輯給了一個時間，邀她來雜誌社一趟。

那場見面是命定？是偶然？當她因緣巧合地推開那掛著「創作月刊」牌子的木門時，她就跨入了一生跌宕起伏的大舞台。

以下是我翻譯她九十多歲在美國去世前寫給後輩的英文回憶錄中的情節：

> 我推開了那道沒有上鎖的門，裡面十分昏暗，我幾乎看不到那叫我進來的人。他紋風不動，只是坐在書桌後的椅子上，埋頭疾筆，頭上一束微弱的燈光，頭都沒抬起來看一眼。
>
> 我感覺很不自在，呆站著大約有十分鐘，看著沒動靜，我決定扭頭就走。
>
> 「對不起，要妳等了！」這時他放下了筆，站起來，自我

介紹：

"我叫張煌，謝謝妳來！"

他指指桌旁的一張椅子："請坐，我有個壞習慣，下筆時要到段落寫完才停得下！"他尷尬地笑笑，想打破這詭異的氣氛。

昏暗中，他站起身，走過來，與我握手，表示誠意。是個瘦高的年輕人，棕色的眼睛炯炯有神，和我之前想像是個肥胖中年人的形象完全相反。

我無言以對，不知該說什麼。

為了進一步表示歉意，他說："妳願意聽我寫的嗎？"

我當然不好反對，禮貌地點點頭，他從桌上拿起稿子：

"四月，春天從長睡中甦醒……"聲音突然有些喑啞，吸了一口氣，繼續唸道："但，這年我的春天卻是擋在牢獄外，那是一九三三年的四月四日……"

從他逐漸展開的故事，我知道了他來自天津，因爭取左派文化運動而被打入監獄。

他正在寫自己那次天津的愛國運動中的經歷的回憶錄！

我的氣一下子消了……

我的姑媽在收到夫婿兩天前打來的電報、告知他搭的太平輪今日返抵台北的好消息後，一九四九年的除夕此刻，我相信她一定在回味那段奇緣往事，盼著她夫婿跨進家門的那份熟悉的溫柔。

（二）

張煌除了是抗戰時桂林有名的新華書店《創作月刊》編輯，還主持舞台劇，自編自導，也參與舞台設計，是個藝術全才。他生於藝術世家，父親是天津戲劇總會的會長。他的《記獄中》在1946年出版，很快成為排名第一的暢銷書。

他們交往兩年，情投意合，1942年一月二十號，在好友的見證下，在"桂林劇場"的後台，結為夫妻。

這是她回憶錄記下這段一切看來唐突卻又理所當然的一幕：

> 作為導演，張煌習慣戲劇性地將情節推向高潮，我們私訂終生也是如此。
>
> 那天，戲劇結束，帷幕放下後，我們到桂林劇院的後台向好友編劇熊佛西博士致敬。熊佛西博士是當代有名的劇作家，他畢業於美國常春藤大學，抗戰回國，寫了許多激勵人心的抗戰故事，被大學請去講學，如今也在桂林。張煌是通過《創作月刊》寫了好幾篇的好評與他結為至交，我是桂林《大公報》記者，通過採訪和熊教授認識的。
>
> 當我們像往常那樣暢快地表達對今晚舞台劇精彩情節的看法時，我們很自然地流露了對男女主角生死相許的欽羨，張煌看了我一眼突然問我："我們也做得到？"
>
> 問得太突然，我沒有回答，但眼裡流露的答案是："當然！"
>
> 張煌乘勢追擊："那，我們結婚吧！"

熊佛西在旁拍掌歡呼："我看你們都有這意思，何不就現在把婚禮辦了。"

"現在？"我和張煌本只是默契，聽了熊的堅持，都不約而同驚訝地問道。

"是的，就在這裏，"熊搬了張桌子過來。

張煌很興奮地看著我，"是啊，為何不這麼做呢，這主意很好。"

我幸福地笑了，張煌說："你是同意了？"

我點點頭。

這時，在一旁沈默的熊夫人——羅蘭，熱情地開始忙著把舞台上的花放在桌上，並找了兩只蠟燭，一一點燃。

我們毫無準備，根本無法像正常儀式那樣交換戒指，遑論其他該有的傳統結婚程序了，但這一切都在這特殊的國難時期變得不再必要，我們的結合似乎是水到渠成，是當代人生舞台上演繹的自然結局，是戰火中的祝福，彌足珍貴，更是合乎從事戲劇的張煌的風格。

雖一切都充滿喜劇的浪漫，但熊佛西還是很嚴肅地要我和張煌相互重複對彼此的誓言："我們在一起，至死不渝……"

婚後我繼續在《大公報》上班，好幾次忙到半夜還在社裏趕新聞稿。張煌為我擔心，因為十點後便搭不上公共汽車，他怕我一個人回家不安全，硬是拖著累了一整天疲憊的六尺之軀走四里路來報社護送我回家。

我記得一個陰黑的雷雨天，路燈昏暗，他打著燈籠，送來一把舊傘，但在回途中燈被強風吹熄了，雨傘也破了，我們在大雨傾瀉中偎依著，小心翼翼在濕滑的地上朝家一寸寸挪步。回到家已是半夜兩點，然而他一回到家剛脫下濕透了的大衣，又迫不及待地從桌上拿起一疊厚厚的紙張，然後靠在床邊，在微弱的燈光下，很溫柔地向我朗讀他幾小時前才完成的稿子。

在這只有12平方米的小房間裡，雖然沒有暖氣，我們的心卻是炙熱的，歡笑聲不斷。

（三）

午後，佳餚開始端上桌面，踢踢躂躂的快板木屐聲，好不急促歡暢！漸漸擠滿了一桌的拿手菜既是團圓飯，也是為我姑父張煌接風洗塵的盛宴。

下午一點半，果然門外聽到車子催促的喇叭聲，像吹號角，父親抓緊時間，等在車上，我母親匆匆脫下了在廚房沾了一身油膩的舊衣服，換上乾淨厚厚的毛衣和棉褲，姑媽則是早已打扮就緒，全身時髦的淡黃尼旗袍，披上米色大衣，捧著大肚子，兩人笑容滿面地攙手坐上了車。

台北到基隆只有20多公里，但姑媽覺得路程長得令她發慌，想必是公路有些顛簸，保護胎兒的本能，使一隻手撐著厚實的皮椅，一手捧著圓凸的肚子，身子緊緊地貼著座背，減少搖震，她閉上眼，晃著晃著晃，迷迷糊糊回到了那一幕幕艱苦的抗日時期，張煌似乎就在她眼前，她不禁對他訴盡衷腸：

"1944年，桂林安穩的婚姻生活一年多後匆忙結束，日軍攻陷桂林，我們帶著一歲的兒子祖望避難重慶，我轉入當時重慶有名的《大公報》《世界日報》，不久生下女兒祖華。如今在肚子中的這即將臨盆的孩子如果是個女孩，將會是和祖華一樣可愛的模樣？我多麼思念祖華，我痛恨自己無奈地把早不發，晚不發，偏在此時發疹不能出門的祖華留在天津，這是什麼命數？戰爭不是才結束而從此可以不再顛簸流離了嗎？而我們這一代烽火連天大半人生的二十多年不是終應否極泰來了嗎？我們如今卻又浪跡天涯，從頭開始，這難道是一場無休止的噩夢？不，我得快快從夢魘中醒過來，張煌啊，你在哪兒？你快告訴我內戰是否即將結束？全家是不是即將團圓？我們彼此發誓，不論此生喜劇苦劇悲劇都不離不棄，攜手在人生舞台上精彩演一回的。

"猶記得1945年八月抗戰勝利，我們調到上海，我負責《大公報》的政治版面，你在上海戲劇界如魚得水，這紙醉金迷的新舞台雖讓我們眼花撩亂，但似乎正是為我們天作之合搭建的，在人才濟濟的上海文藝界，我們恰如戰後黑夜走向黎明的夜空上驚艷的一朵朵煙花，讓人目不暇給，雖然短暫，但卻點亮了上海的漆黑！

"煙火燦爛中，我們必須離開上海，你是獨子，放不下分別多年的天津父母，我亦不怨不悔，願和你千里相隨。

"在天津，我被《大公報》提升為負責天津和香港兩地新聞的總編。三代同堂，安居樂業，這盛世太平難道又是一場南柯一夢？

"這甜美的夢被內戰的砲聲驚醒。不久前，1948年十二月十六日，戰火逼近塘沽，你正好在香港拍戲，來信要全家先避居香港，兩老習慣北方，不願長途跋涉離鄉背井，於是我準備帶著兩個孩子與你在台灣團聚，靜觀時局。"

以上雖是我根據她的追憶剪接過後的杜撰，但從她的回憶錄中雖簡短但沈重的寫照，我讀出了她離開天津時的無奈與痛苦。

這是她自己的道白：

> 我餘生都無法忘記那心碎的離別。
>
> 我們大家哭成一團，我再緊緊地抱住突發麻疹無法同行的祖華，兩行眼淚無法控制地落在祖華的頭髮上。
>
> 四歲大的她（祖華）不會知道發生了什麼事，她看著我，甜甜地問："媽媽，妳為什麼哭了？"
>
> 她這一問讓我崩潰，我竭力抑制住悲傷，安撫她："我和你哥哥要去看爸爸，我們幾天就會回來。
>
> 五歲五個月的祖望似乎察覺到家庭的突變，在一邊看著大人，沈默不語。"

姑媽一定在往基隆顛簸的路上心底這麼再度呢喃著對祖華的許諾："我們幾天就會回來的"，因為她渴望這次張煌能從上海帶回不久止戰而出春就能回到天津的好消息！她從沒像此刻這麼渴望見到張煌！

然而，這本應該是個充滿祈望溫馨的除夕團圓美景，到了碼頭，竟呈現一幅地獄變相圖！

這是姑媽，太平輪受難者家屬的親眼見證：

"往基隆的公路崎嶇不平，我不知為何，心裏很焦慮，擔憂錯過了船靠岸的時間！

終於到達一號碼頭時，卻沒看到輪船，似乎我們還來早了！但當我們走近了，一看，碼頭上盡是哭泣的人群，有些人還仰天嚎叫："我的天啊，我的天啊！"有些人頓足捶胸，有些人抱成一團，喃喃自語："這不會是真的，這不會是真的！"

我們驚恐地下車，衝進辦事處打聽到底發生了什麼事？

一位職員板著蒼白的臉走到櫃檯前說："船昨晚沉了！"

"你說什麼？"我如雷轟頂，歇斯底里地尖叫。

"船昨晚沉了⋯⋯"他又重複道，低下頭來，不敢看我們："我只知道這麼多，進一步的消息要到台北總部打聽⋯⋯"

我立即似乎受到一棒重擊，昏死過去！

當伍弟扶起我時，我已經冷得像冰。

我麻木而流不出淚，弟婦卻哭了。我五歲多的大兒子被這突變的氣氛嚇著了，很害怕地拉著我的手，焦急地問："媽媽，妳怎麼了，媽媽，你怎麼了？"

我們只有立即返回台北。

當我們靠近太平輪的中聯公司時，遠遠就看到群眾層層圍住大門又是哭喊，又是叫囂，我們根本擠不進去。我們只好等待進一步的消息，祈求上天給我們帶來奇蹟。

"只救出了三十六個人！"終於出來了一個禿頭的高個

子，臉色通紅，他手上捏著一張紙，顯然是電報，呼吸急促地大聲宣佈：

"請大家回家……"

他勸導激動的人群："請聽收音機或看明天的報紙，會有更詳細的報導！"

我們心情沈重而無奈地回到家。

坐在收音機前不停地聽報導，大家因這突發的惡訊全失去了胃口，滿桌本是熱騰騰的除夕團圓飯和接風宴早已冰涼了！

除夕夜，我們餵了孩子，哄了他們上床睡，又遵守傳統，偷偷地在孩子們的枕頭下放了紅包，希望他們一覺醒來很容易就找到利是，這是大人對下一代的祝福！

我一夜沒合眼，不停地在祈願："老天爺啊，請保佑夫婿是三十六人中的幸運者！"

伍弟和弟妹也一夜沒睡，他們在夜裏不停地來到我的榻前，輪流地守護著我。

太平輪是如何會在離開上海不久就沈沒了的？至今無人能說得清楚。有人說是因為超載，有人說是與一艘載有2,700噸煤礦及木材的貨輪"建元輪"相撞，兩船相繼沈沒，又有人說是被炸沈的又一樁國共內戰悲劇……總之死亡人數上千，屍骨難尋，包括我那才三十出頭才華出眾的姑父。

（四）

　　傷心欲絕的姑媽最後是用她的筆來宣洩喪夫之痛，那篇感人肺腑的文章登在《中央日報》副刊。她歷練的文采，厚實的外文功底，加上獨特的記者背景，被《中央日報》看中，攬為專訪外國駐華人士的特派記者。她採訪過無數高層外籍人員，雖事業的成功無法取代她另一半的靈魂伴侶，但漸漸撫慰了她的悲痛，還使兩個可憐的遺孤生活無慮。

　　幾年下來，她隨政府出訪韓國、日本、東南亞等地，工作上優異的表現讓報社對她刮目相看，鼎力提拔她入美國某著名新聞系攻讀碩士學位，然而，獎學金只能供她一人的學費和生活費，她必須暫時把孩子託給親朋照料。

　　我父母義不容辭承擔了兩個外甥的輔育重責。姑媽估計只需兩三年就可以讀完碩士回國，與孩子的分離將是短暫的。

　　然而一個美麗的毒蘋果正悄悄地遞過來，引誘著她，她不由自主地伸手拿了。

　　一早，報社宿舍走廊盡頭的唯一電話響了。

　　住客之一的梁太太接了電話，大聲叫道："國珠，電話！"

　　電話那頭是法國在台參贊約瑟夫·希格瑞特的助理：

　　"張太太，希格瑞特先生和他的夫人想請你和妳的孩子一起在大使館共進午餐！"

　　"哦……"我很迷惑，因為他們和我及孩子的聚餐一向都在星期天。

正遲疑時，希格瑞特夫人瑪麗接過電話解釋："我們過幾天就要回法國了，所以想見你一面。"

"哦，你們回去渡假嗎？"

"是這樣的，約瑟夫（希格瑞特先生）調職回國，事出急迫，一個月就得離台，我們想和妳及孩子們見個面，使館專車十二點整來接你們！"

我們幾乎每星期日都會一起進餐，但最近我身體不太舒服，我們已經三個星期沒見面了，我不便拒絕他們的好意。

"謝謝你們的邀請。"

在眾多記者中，我常幸運地獨攬採訪外交人員的重任，我反思這是因為我是唯一對外女記者，因此特別受到照顧，把機會都讓給我了。

和希格瑞特夫婦的友誼可以追朔到1947至1948的天津時光，那時希格瑞特先生任職法國領事館總顧問，他熱愛中國文化，尤其是國樂，張煌那時一手包辦了音樂、劇本和舞台設計。年齡差距並未阻礙他們相知相惜的跨國友誼；張煌海難後，他們伸出援手，不斷地給予我們家人般的照顧和溫暖。

那天下午，他們述說了即將與我們分離的悲傷，又遺憾匆匆離台而無法實現開辦國際幼兒園來彌補夫婦年近五十仍膝下無子的寂寞，說著，說著，希格瑞特先生突然問我："妳願意讓我們把祖芳帶回巴黎嗎？"

我對這突兀的問題毫無防備，不知怎麼答他！

他的妻子張大眼看著他，好像她也非常震驚！

希格瑞特先生立即解釋："哦，別想太多，我只是帶她去巴黎度個短假，妳留美回台後我就會把她送回妳身邊！也歡迎妳親自到法國接她，我們只是想幫妳分擔，照顧孩子。"

他放下叉子，伸出手，輕輕抬起祖芳的下顎，慈愛地打量著她："她真美麗！"

四歲的祖芳不會明白我們談話的內容，但卻不舒服地把臉別到一旁。

我的兒子祖望也瞪大眼睛不解地看著他！

這時希格瑞特夫人開口了："祖芳的腿長，是個萬里挑一的芭蕾舞人才，從小培養終會出人頭地，我們一定送她上巴黎最好的芭蕾學校！"

"妳覺得這主意如何？"希格瑞特步步緊逼。

"我……我不知道！"

"我了解這對妳太突然了，但妳放心，我們一定會把她送回妳身邊的，我保證！"

"我需要考慮考慮……"我客氣地找個理由想結束這場揪心的討論。

"當然，當然，我了解一個母親的不捨，但我們幾天就要離開了！"希格特瑞熟悉外交手段，以退為進，微笑地拿起叉子，繼續吃他的沙拉。

我完全沒有胃口了。避開了這個敏感話題後，我們依舊談得像往常那麼親切開心。

接著短短幾天，我過得混混沌沌，左思右想，新聞稿寫得一塌糊塗，心疼伍弟除了要照顧從家鄉投奔來台的弟弟妹妹，現在又加添了我的兩個孩子，負擔也夠重的，至於希格瑞特，他們膝下無子又是張煌的摯友，不會虧待祖芳，熟悉中國文化的他們想必也有東方"君子一言駟馬難追"的誠信，相信兩年後我學成歸來，他們定會遵守承諾，把祖芳完璧歸趙的！

我把願意暫由他們扶養祖芳的決定告訴希格瑞特時，我聽得出他們在電話的那頭難以掩飾的興奮和激動！

（五）

今天的法國餐就是為表妹的養父母安排的！

簡單的日式客廳特意以法國風情佈置一番，大人們手忙腳亂地忙碌了好幾天，終於迎來了法國貴客到來的這一刻。

大門外駛來一輛光可鑑人的黑色轎車，司機開門後走下一對打扮得光鮮亮麗，高鼻深目，金髮碧眼，風度優雅的西人夫婦，被我父親迎進屋裏。

在客廳，我表妹毫不知情地被帶到她未來養父母的身邊，她緊緊地抓緊她母親的裙角，本能地覺得這一切蹊蹺的安排都是沖著她來到，她不會知道今後的命運將是完全由這對法國養父母主宰，當所有眼光不由自主地集中在她身上時，她嚇哭了。

法國母親蹲下來哄她，從皮包掏出一小包巧克力，甜美柔和的法語也如那巧克力般柔糯："喏，這是妳愛吃的'天堂美味'！"

表妹接過來，放進嘴裡，那股香甜從她舌尖一直征服了她的心，她終於笑了。

法國父母把臉湊近她的小臉："喏，給我一個親親。"

表妹雖然沒聽懂，但這動作是熟悉的，她母親就時常這樣逗她。

她乖乖地給了法國女人一個吻，法國女人滿意地笑了，我姑媽卻眼睛濕了。

表妹很快又跑回母親身邊，小手牢牢地抱著母親。

父親怕姑媽傷心失控，急中生智，把我突然推到這女人前面，說："妳見了法國客人該怎麼打招呼？"

我立即訓練有素地捲起舌頭，甜甜地說："Bonjour, Bonjour！"

法國女人友善地彎身，和我握手："Bonjour！"

那雙近距離放大了的藍色眼睛深不可測，我有些畏縮！

大家舒了一口氣，輕鬆地笑了。

這場宴會氣氛表面上是歡樂的，孩子們不知就裡，依然天真快樂，大人也將一切交給了命運，甚至還為表妹可以過上法國貴族生活而高興。

如今回首童年，我不禁為四歲的表妹悲傷，不知姑媽是如何鬆開了手，交給了希格瑞特夫婦的？當表妹發現母親不再接她回家是如何地驚恐！當置身一個完全陌生的環境時，她又是如何像剛落地的嬰兒，掙扎地重新認識這個世界？

作為遺腹子的表妹生錯了地點，生錯了時辰！

因緣總是在不經意時改變了人生方向，姑媽學成回台前，同學好友的獨身主義哥哥，偶遇姑媽，驚為天人，竟放棄"清淨無慾"的多年苦修，向她求婚，留住了她。再婚後，她把表哥順利接去，至於表妹，卻因養母的私心，封鎖鴻雁，杳無音訊，姑媽無計可施，也只得認命。

十幾年後，當養父母年老辭世，表妹才以自由之身想盡辦法找到她的親生母親和哥哥。

（六）

我再見到表妹祖芳時已是兒時離別宴的二十年後，她風度冷雅，舉止高貴，一身巴黎頂尖裝扮，又因跳芭蕾舞多年，身材纖細高挑，她的外表如時尚封面人物般完美！

她被優渥富貴的養父母視為掌上明珠，嫁入門當戶對的顯赫豪門，她的一切讓許多人羨慕不已，她應該很幸福滿足。然而，我們看到的只是浮華世界的表象，個中滋味難以道也！

單單從每次她與姑媽的見面都是從深情開始，怒言結束，就明白了！

她還是很愛她的母親，但幼時的的傷口一直無法癒合。

雖然她克服萬難，成功尋回了親人，但悲劇的定義就是找不到痛苦迷宮的出口！

這樣的對話總是沒完沒了：

"你為什麼狠心地把我送人？"

"那時考慮這是對你最好的安排啊，我去留學，沒有收入，無法給你過上好日子！你要體諒我的用心啊！"

"你以為我的日子好過？我的長相和法國人不同，在他們眼裡，明擺著就是個'養女'，你可知道'養女'寄人籬下的滋味？"

"我只一心想給你最好的未來！"

"那你為什麼不像對待哥哥那樣，先交給舅父，再接回來，你明顯地就是重男輕女！"

"妳這麼說是不公平的，妳現在不是過得很好嗎！"

"好？我一直都知道自己是個中國人，卻必須違心地把自己包裝成一個法國人，容忍上流社會的傲慢，這掙扎的苦妳根本不會了解！"

名記者姑媽一生寫了無數感人肺腑的文章，但卻沒一句能化解女兒的心結！

這樣重複不下百次的因果糾纏直到姑媽去世才終止，表妹在悔恨中放下了怨忿。母女的心結要以死亡為和事佬，讓人唏噓不已！

姑媽在九十七歲辭世，走前回想一生的顛簸起伏，以懺悔和感激的悲喜用英文寫完幾萬字《回憶錄》，這是她最後的辯解。回憶錄到表妹托養後就戛然停筆，也許，她的人生真正只活了三十多年，張煌去世後，女兒失聯，她也死了，哀莫大於心死。我相信她的回憶錄正暗示祖芳,她怎能不愛她,她是丈夫給她最後最珍貴的禮物!

她雖然拿著相機,跑遍世界,表面生活無虞地活到了近百歲,然而,她早已了無生趣,對第二段的異國婚姻心如枯木。

她只能以最後的生命,垂死掙扎向祖芳暗示,她無法明說,那會傷了她那混血的兒子,再造另一個孽!

我希望我的表妹能看懂她母親的心思,"人生無根蒂,飄如陌上塵",那烽火連天的一代,許多人搭上的都是霧中的另一條太平輪!

而我,一直記得"bonjour, bonjour"那天的故事,體會這一法文詞語的另一番滋味。

夏天一來,這裡蜻蜓漫天出現,
一到秋天就少了,
不知道是怎麼回事?

四、友誼的泡菜味

（原刊美國《紅杉林》雜誌）

我的眼睛盯著窗外的山坡，從火車奔跑的近距離看，峽谷上茂密的野草和灌木一片糢糊，於是我乾脆雙手撐著下巴，仰頭把視線放在窗緣上端的一線窄窄的藍天，那裡，似乎看到一隻黃紙鳶，飛得又高又遠。

旁邊的父親時而提醒我：「頭和手千萬不可以伸出去啊！」

其實父親早已把窗子拉下，只留不到十公分的安全空隙，透透仲夏的悶熱。父親擦著額頭的汗，敞開了原本扣得一絲不苟的襯衫，一身臭汗，狼狼地露出了內衣。

那年，我八歲，正睜大眼睛，好奇地張望田野景色溢滿的油綠，出門時編得整整齊齊的兩條麻花辮子不知何時已吹得鬆垮凌亂。

我們全家從台北搬到南部港都高雄，火車已走了一半路途。

火車穿過連綿山脈的中台灣，一進入山洞隧道，外面就變得一片漆黑，我可以清清楚楚地從窗上看到燈光下像鏡子一樣反照的車內。

母親穿著一襲水綠帶黃花的新旗袍，正打著瞌睡，這「火車特快"雖然只停"大城",但也要足足走上七八個小時,我卻毫不疲倦,只是捨不得自小玩耍又一起放風箏的友伴,但對新的一切又充滿好奇。隨著火車的前行,他們的距離越來越遠,我很快就拋下過去,隨遇而安了。

火車不久到了嘉南平原,高山退到了地平線的盡頭,窗外一片連綿無盡的稻田,農夫正在透亮的烈陽下忙綠,天上清爽無雲,空廣無礙。我的心如放出去的風箏,拉長了線,飛得高遠,完全飛越了對台北的依戀。

當落日西下,火車沿著山腳下漸漸慢下來時,父親終於宣布:"到了!"

閘口人頭攢動,眾人引頸叫著熟人的名字,十分喧嘩熱鬧。突然有人高喊:"黃經理,黃經理!"

父親對人群中一個瞇著細眼,咧著大嘴的年輕人招手,對母親說,"何司機來接我們了!"

一家人出了閘門,何司機一面主動接過父親手上的行李,一面說:"車子已等在正門。"

父親立即讚譽何司機的周到:"台灣的火車真準時,你來得剛好!"

"是的,火車很準時,算好時間來接的,沒誤點!"

何司機往港都近海商區駛去。只離火車站四五里路,何司機在對河是商業區的跨橋前轉進一個沿路都是鳳凰木的大庭院,院里種了好幾株龍眼樹,枝葉密茂,樹枝上垂下串串龍眼。我正想數數到底有幾棵時，卻被草坪上漫天飛舞的小紅點吸引了，歡喜地叫著："蜻蜓，蜻蜓！"

何司機微笑著解釋："夏天一來，這裡蜻蜓漫天出現，一到秋天就少了，不知道是怎麼回事？"

車子在一棟白色的兩層大洋房前停下。

母親果然一眼就看上這新家："唉，好極了，房子夠大，夠孩子玩耍的！"

父親乘機討好母親："等家安頓好，我就帶你們到周圍轉轉。"

母親疲憊的臉終於露出笑容："你有時間嗎？這一年你忙得南北兩頭跑，我呢，獨自辛辛苦苦地帶著小孩，你別把好話說得太早！"

父親在何司機面前被母親這麼一說，有些尷尬，立即為自己臉上貼金："所以嘛，全家一起搬來是對的，台北親戚再多也沒我在身邊管用！"

適應了幾天，我終於要到新學校報到了。

那日我穿著嶄新的白衣黑裙，坐上何司機的車，來到學校。

五十年代的高雄，百廢待興，四通八達的馬路開始鋪設，街上的車輛不多，多的是黑色的台製自行車，步行十分安全。三四層新樓後面的小巷仍是棋羅星佈著高高低低擁擠雜亂的平房違章建築，走錯一個巷口就會掉進蜘蛛網似的八陣圖。人生地不熟的我由何司機送到學校是大人認為最安全的。

车子停在学校大门口，我往外一看，一群学生已好奇地围拢过来。他们晒得黝黑，女生大多是短髮，男生是光溜溜的平头，正骨碌碌地望进车窗，交头接耳地打量著，我一句话也没听懂他们说些什麽，因为他们说的是我生疏的台语。

何司机问道："你知道教室在哪兒吗？要不要我陪你进去？"

我跳下车，对同学们摇手打招呼："你们好。"

周围的孩子露出笑容，有几个也领会到我的善意，迟疑一会兒，也对我摇手。

我对何司机说："我可以自己去教室，我知道在哪兒，前几天跟妈妈来过。"

何司机还得立即回头接人，便不再坚持："喔，那我走了。"

何司机虽回到驾驶座上，却没有立即把车开走，看到我跨开大步，轻快地穿过操场，他才放心地掉了车头离去。

我在众多同学嘻嘻哈哈的品头论足下走向教室。

几栋老旧低矮的教室沿著操场最远的一边并排著，穿过操场，走近一看，刚上新漆的表面如同一个化了妆的老妇，掩饰不住她的皱纹，里面的旧桌椅也是高矮不一，和我在台北设备完善又崭新的实验小学是天壤之别！

我的老师姓林，高中师范学院刚毕业，才二十出头，正在黑板上写字，一看到我正站在门口往里东瞧西看，又由於我编了个台北小女孩最流行的左右两条麻花瓣，立即问道："哦，你一定是台北转来的新同学吧！"

我馬上規規矩矩對老師立正鞠躬，口齒清晰地問候："老師早！"

林老師對跟在我後面的孩子們說："你們還不回教室，別老跟着她，不禮貌！"

孩子一聽，嘻嘻哈哈地一哄而散。

教室里已經坐滿了三十多個同學，一張長桌並排坐兩人。

林老师指着教室中間靠後的一個空位："你的座位在那兒。"

"謝謝老師。"

我到了指定的座位，把書包塞進桌下小小的抽屜，坐直，手規規矩矩地放在腿上，一看，坐在我旁邊的是一個瘦黑的男生。

男生故意一本正經地挪遠了椅子，表示"男女授受不親"。

我沒在意，問他："你叫什麼名字？"

我說的國語字正腔圓，旁邊馬上有男生用台語嘀咕："是外省X！"

這一說，坐在她旁邊的男生把椅子挪得更遠了。

林老師聽到這學生出言不遜，但見我並未激怒，明白我根本沒聽懂，馬上用台語阻止那學生："不可以亂說！要有禮貌！"

"老師喜歡漂亮女生！"一個女生用台語嘀咕。

"外省婆，恰別別！"

很快，幾個人七嘴八舌此起彼落地地笑謔我："恰別別，恰別別……"

我雖然沒聽懂他們的嘲笑,不知道什麼是"恰別別",但從同學的表情猜也猜得出這絕不是什麼好字眼,馬上筆直地舉起手來。

老師正提起藤條,想訓斥這些"不懂禮貌"的學生,但一看我舉在半空中的小手,馬上放下藤條,問:"什麼事?"

我當然不甘示弱地一蹦而起,簡陋的椅子和桌子經不起我這猛然一站,被撞得乒乓搖晃:"老師,他們罵我'恰別別'!"

全班一聽,笑得前仰後翻,因為我的台語荒腔走板,罵人的話被說得不知所云。

老師手上的藤條用力地打在桌上:"要有禮貌!"

藤條彈性很強,不甘示弱地彈了回來,正好打中他的鼻子,這下全班炸了鍋,笑聲響徹屋頂,連我都笑了。

我這一笑,氣氛馬上轉為輕鬆,老師揉著鼻子,紅著脖子,也跟著傻笑。

孩子不易記仇, 我的氣很快地煙消雲散。

老師順水推舟:"同學要互相友愛,不可以用台語欺負新同學,這很不禮貌的!"

下課了,學生爭先恐後地衝出教室到操場去玩。

我很失落,一向開朗的我竟無法和新同學玩在一起,他們說的話我聽不懂,我對這裡的一切都很生疏隔閡,我有生以來第一次覺得孤立無援。

我無聊地留在座位上。

在寂寞中,我突然聽到身後教室的角落有一個聲音,這聲音很輕,似乎怕我聽到。

我循聲望去,見到一個女孩正悄悄而專心地埋首畫畫。

女孩的短髮剪得十分整齊,從劉海和腦後幾乎一般長地罩在頭頂,像一頂黑帽,圓胖臉上的一雙大眼盯著筆尖,厚厚的小嘴緊閉,有一種專注的寧靜。

我好奇地走近一看,這女孩畫的是一個女孩的頭。

"你畫自己?"我主動地問她。

"不,不是我,我隨便畫的。"那女孩沒停筆,也沒抬頭。

"噢,很像你。"我看看她,又看看那畫。

我安靜地看她添上了脖子和上半身,這時女孩停下筆,抬頭望著我,沒說話,但眼神很友善。

"你叫什麼名字?"我問。

"洪麗珠。"聲音輕柔羞澀。

"我叫黃小雅。"我大喇喇地說。

"我知道。"那女孩沒有像其他孩子想捉弄我的意思,但仍然低著頭。

我看到那畫下面還有好幾張紙:"你要畫這麼多張?"

"我下課的時間就畫畫！"

"你不想出去玩？"我指指窗外正在嬉戲的同學。

麗珠搖搖頭，寂寞地笑笑，沒說什麼，我看得出麗珠沒什麼玩伴。

"我跟你一樣，也喜歡畫畫！"我立即流露善意。

麗珠不知怎麼回答，但抬起頭來，看著我，雙眸燃起喜悅的光芒。

我回到座位，很快模擬最喜歡的故事插圖"灰姑娘"的仙都蘿拉，拿來給麗珠看。

"很像你呀！"麗珠也學我的口吻。

"送給你，"我把畫放在麗珠桌上。

"我的也送給你。"麗珠把她剛畫完的那張遞給我。

兩人算是交換了見面禮。

上課鐘打了，學生湧回教室，一時間，腳步聲，推擠打鬧聲，桌椅挪動聲，像是教室從瞌睡驚醒後打的一個肆無忌憚的大哈欠。

"麗珠，你又畫了個什麼妖怪？"和麗珠同桌的男孩把我送給麗珠的畫蠻橫地奪過去，舉在半空，陰陽怪氣地叫著，傳給旁邊的男生。畫被同學們爭先恐後搶去看，很快就落到我旁邊的男孩手里。

我迅雷不及掩耳地出手，毫不猶豫一把奪回來，大聲說：

"是我畫的！除了洪麗珠可以看，誰也不許碰！"

大家一下都呆住了，知道這"外省婆"很"恰別別"，會告狀，不好惹，馬上靜下來。

"黃小雅會畫畫啊！"一個女孩仰慕地說。

"畫裏女孩穿的衣服好美啊，我也想有一張。"另外一個女孩伸過頭來，好奇地看了看畫。

前面一個女孩隔著幾張桌子遠，回頭對我說："畫一張給我好嗎？"

我還沒來得及說"好"還是"不好"，幾個女孩子已經迫不及待地把寫好名字的白紙遞過來：

"我也要一張！"

"我也要。"

"一定要先畫給我哦，我叫阿美！"

我的桌上很快堆滿大大小小的紙，我笑了："好吧，我畫給大家！"

全班女孩都高興了，交相接耳："下次叫她一起跟我們跳索仔（跳繩）！"

女孩子點點頭，都不反對。

我就這樣靠著畫女孩頭像被這本想抵制我的同學接納了。

一個月飛速過去，我很快就學會了簡單的台語和同學遊戲的竅門，我現在不但會跳別於台北的"跳索仔"（台北稱"橡皮筋"），還會蹲在泥地上玩"放雞鴨"（撿沙包），常常搞得滿身臉滿是黃土，活像隻大黃貓，混得不錯。

然而，麗珠並沒有因此排斥我，還是自己獨自默默地躲著畫人頭，我倆私底下繼續交換作品。

逐漸，我的抽屜塞滿了紙張，我實在忙不過來，心想，同學總是冷落麗珠，麗珠不知怎麼地，也和同學有意無意地疏遠，我為麗珠難過，突然靈機一動，拿出麗珠給我的畫，對索畫的同學說："你們看，麗珠畫得多好啊，你們為什麼不也向她要呢？"

同學一想，向這"外省婆"索畫得排長龍，兩三天之後才能"取貨"，何苦不找麗珠！

"麗珠，畫一張給我，好嗎？"目標果然轉移，麗珠的桌上也立即堆滿了大大小小各式各樣的紙張。

麗珠害羞地看看我，我給她一個鼓勵的暗示，她嘴角有了一絲微笑，終於拿起筆開始畫了。

同學伸長脖子看："畫得真美，男生黑白（亂）講，麗珠才不是畫妖怪呢！"

"麗珠，別忘了今天就給我哦。"

"麗珠，明天我帶米糕給你，先幫我畫！"

"不可以插隊！"

"對，老師說要懂禮貌。"

麗珠被逗笑了,捂著嘴,眼睛瞇成一條線。

我和麗珠每天不亦樂乎忙著為同學畫"美人",同學不再叫我"外省婆",畢竟在孩子單純的心中在乎的只是在一起玩得盡興。

我要求大人把我的長髮剪短,因為班上女生都是短髮,其實這也是必要的,北回歸線以南的天氣實在太熱,短髮的確比長髮方便涼快。南部的烈陽很快把我曬得和同學一樣黝黑,我現在可以說些台語,和同學的差距很快縮短,只要我不開口說那一口標準國語,誰都不會記得我是個"外省婆"。

林老師負責的科目包括"語文",雖然他盡量根據注音符號把字音讀準,但聽在我的耳裏,林老師變調得極為嚴重,我常常上課糾正林老師的捲舌音和鼻音。林老師知道我沒有惡意,也就"從善如流",讓大家跟著我字正腔圓地唸。這成了班上輕鬆的一道遊戲,往往學生和老師笑成一團地捲著舌頭,陰陽怪氣地學高低頓挫的四音。

"今天你就站在台上教同學。"林老師有一天乾脆叫我站上講台,自己何樂不為地在一旁輕鬆涼快。

我認認真真站上講台,拿起藤條指著黑板上的生字唸起來,同學也真聽話,跟著"小老師"唸。

唸了好一會兒,字都唸熟了,我放下藤條,等老師上台,但大家四周一望,林老師早已不知溜到哪兒去了!

教室裏沒有老師!這是少有的"放牛"機會,男生再也坐不住了,躡手躡腳地到窗前打探動靜,好溜出去玩!

沒想到，頭一伸出去就立馬縮了回來，指著隔壁走廊，對教室裏等待他好消息的同學澆了一盆冷水："噓，不能出去，林老師在外面，和邱老師說話！"

邱老師是女師剛調來的十八歲實習老師。

這下，學生都踮起腳，趴滿窗口，往隔壁走廊偷看。

果然，只見林老師正和邱老師聊得"耳鬢廝磨"，尤其是林老師那癡情發愣的眼睛看得邱老師時而害羞地掩著小嘴別過一邊。

原來林老師要我"代課"是早有預謀的，是為了轉移學生的注意力，到隔壁教室去偷偷談情說愛。

學生看著看著，忍不住哧哧笑，這時邱老師聽到了，立即提醒林老師，林老師"如夢初醒"，轉頭一看，烏壓壓的小頭擠滿了窗前，正有滋有味地看好戲。他在邱老師面前不好窮凶惡極地罵，只好臉紅脖子粗，壓低聲音，對學生說："老師馬上就回教室了，別趴在窗口看，看什麼看，不懂禮貌！"

學生馬上乒乒乓乓你推我擠地奪路坐回座位，一會兒，只見林老師板著臉孔，一本正經地跨進教室。

這下，人小鬼大的學生全知道"林老師愛邱老師"，而且這秘密很快就傳遍了學校。

一天，放學時，麗珠問我："想到我家一起做功課嗎？"

"好啊！"我馬上就答應了。

"妳是第一個我阿母允許到家裡玩的同學呢！"

下了課，我和麗珠手牽手坐上何司機準時來接我的黑轎車。

"我今天要到麗珠家做功課。"我興奮地告訴何司機。

"你告訴媽媽了？"

"還沒有。"

何司機聽了麗珠說的地址，搖搖頭："這地址沒聽過！"

每天在大街小巷開車的何司機居然不熟悉這街名！

麗珠只好告訴他大約在哪兒。

何司機照著麗珠的指引，開進一條小巷。巷子裏盡是參差錯綜的矮平房，一群東拼西湊的違章建築幾乎都沒有門牌號碼，更說不清是哪條巷子。何司機左拐右轉，最後，巷子越來越窄，車子快開不進去了。

何司機想，再開下去，不但記不住路，倒車出來也是個問題："我停在這兒，走路陪你們進去。"

麗珠面有難色，急急搖手，對何司機說："不用跟，不用跟，就到了！"

何司機想既然麗珠不叫他跟，就對我說："好吧，我開回大街上等你。"

我馬上說："別等了，我已經知道怎麼回家，你以後不用接送了，我會自己上學放學的！"

何司機哪敢讓我單獨回家："不行的，會迷路的！"

麗珠指著小巷的另一頭："我知道小雅住在河邊的宿舍，我會帶她回家，叔叔放心！"

我也助陣，撒了個謊："我自己也知道路！"

其實我對如何走出這違章建築的迷魂陣心裏還真沒底！

何司機琢磨不能老等我，他還得回公司辦事："這樣好了，麗珠，你把地址寫下來，如果小雅的媽媽問我，我也說得出她在哪兒。"

麗珠撕下一張小紙，工整地寫下地址，交給何司機。

何司機提醒我："早點回家，別玩得太晚！"

何司機小心翼翼地倒車，折騰了半天才開出巷口。

我跟著麗珠又拐了兩三個彎才到了一棟日式房子前面。

這日式房子在違章建築群中鶴立雞群，不像鄰居是東一塊破木，西一塊鐵皮拼湊出來的，我一眼就覺得很眼熟，因為我出生在日本房子。只是這裡沒有院子，大門直接緊臨巷道，左右和其他的房子密接，似乎像個變色龍，把自己隱身在周遭灰陋的破房當中，但當麗珠推開木板的正門時，我立即就認出那獨特的格局，熟悉的玄關，飄著稻草香味的榻榻米和雪白紙糊的輕巧隔門，裡面不小，內部層次井然有序。

麗珠說："你在這兒等等，我進去告訴阿母我回來了。"

麗珠進去一會兒就出來，指著旁邊一個小門："我們在那間做功課。"

麗珠到一個小側門，引我進一間旁室。

裡面也先是玄關，我和麗珠脫下鞋，上了大約才六坪榻榻米大的房間。

這房間設備簡單，除了中間放了一個小矮桌，什麼也沒有。

麗珠把書包放在榻榻米上，跪在桌子前，我也有樣學樣，和她隔著桌子面對面跪下，我不習慣這樣的坐法，但是覺得怪新鮮的，麗珠倒是坐得十分自然。

我們拿出紙和鉛筆，非常有默契地開始低頭伏案畫起"美人"來。

我的腿越來越麻，最後乾脆把腿伸直。

我倆正畫得歡，木門被輕輕推開，進來了一位相貌姣好，步伐輕盈，三十多歲的中年婦女，手裡捧著一個托盤，裡面放著兩杯水和兩個小小的麻吉。

只見麗珠立即站起來，雙手四平八穩地接過茶盤，小心翼翼地放在桌上："ありがとうございます！"

我聽不懂，但猜得出那大概是："謝謝"。

那婦人慈祥地看著我："いらっしゃいませ。"

我當然聽不懂，但猜也猜得出桌上的水和小點是為我們準備的，馬上甜甜對那婦人一笑："謝謝伯母。"

婦人大概不懂國語，愣了一下，不知如何答我，但也猜中了我答謝的意思，微笑地點了個頭，滿意離去，隨手關上紙門。這時麗珠才告訴我："那是我阿母。"

我好奇地問："你們說的是什麼話？"

"日本話。"

我倆大約畫了一個小時，雖沒交談，只忙著畫，但氣氛自有一番寧靜溫馨。

突然巷口傳來叮噹的鈴聲，麗珠立即放下筆，下了榻榻米，穿上木屐，踢踢踏踏推開木門出去。

我也好奇地望出去，只見麗珠畢恭畢敬地站在木門前，巷口來了個推著兩輪木攤的中年人，攤子上放了大大小小不同的泡菜罐子，那叮噹聲是發自攤架上掛的吊鈴。

麗珠立即遠遠地向這人鞠了九十度的躬，口裡毫不含糊地說道："おとうさん！"

從她對這人有眼有板的恭敬，我想她說的不外是："你好"。

麗珠母親也站在大門口，微微弓腰，微笑說道："お疲れ様でした。"

看那恭敬謙卑的姿態，猜也猜得到意思必是"辛苦了"。

麗珠和母親立即趨前，三人一起把泡菜攤子推進房內。

這時麗珠才回到小房間，匆匆收了桌上的紙筆，對我說："我爸回家了，我要幫我媽準備晚飯，先送你回家。"

我十分體諒地趕快收拾好書包，跟著麗珠離開。

麗珠帶著我不走回頭路，而是繼續往巷子下走去，左拐右轉，像穿過迷魂陣，但卻順利地走出巷口，一看，我家就在大馬路對面不遠。

"啊，我家原來和你家很近啊！你有空也到我家玩！"

麗珠卻很為難："我爸媽從來就不准我到同學家玩！"

"為什麼？"

"我不知道！"麗珠黯然低下頭。

我天真地說："喔，你不能來我家，那，我就常到你家！"

麗珠臉上雲開霧散："真的？"

我說："真的，我不騙你，來，鉤鉤手！"

麗珠怯怯地伸出手，開心地和我鉤了小拇指！

這時夕陽已經染紅了天。

"別送我了，我過了馬路就到家了！"我向麗珠揮揮手，跑過馬路。

麗珠站在對面也揮手，轉身很快隱身沒入"神秘迷宮"：一群違章建築。

麗珠和父母跪在榻榻米上，這是晚飯時間，矮桌整齊地放著大大小小的碟子，裝著不同的泡菜和沙西米，室內很安靜，只聽到扒飯夾菜的聲音。

"今天家裡來了個生人？"麗珠父親突然用日語問，麗珠緊張地看了她母親一眼，因為她父親很重禮儀，很少在吃飯時張口問話，現在他的嘴角繃得緊緊的，露出兩道深深的刻紋，這表示父親很生氣。

母親立即溫柔地用日語回答，因為一家人彼此只用日語："那是麗珠的好朋友，我答應麗珠可以帶她回家，陪她做功課。"

洪父啪地一聲把碗筷重重放下，麗珠嚇得差點從榻榻米上彈起來，只見她父親一字一句低沉地訓斥："我說過，我們最好和任何人都少往來，更不能讓任何人進這家！"

母親低頭，溫柔地保持笑容："那女孩根本沒進這裡，她只是到了旁邊的小室。"

"不管怎麼說，我小心翼翼地隱名改姓，就是為了保護這個家！"

"唉，戰後，你如驚弓之鳥，把房契改成了中國名字，沒人能追溯你過去是日本衙門文書，你又把房產周圍的土地讓給了台灣貧民，使政府拆除就難以面對幾十家的反抗，這些都是為了隱瞞你的真實身份，但危機都已過去好多年了，現在風平浪靜，你也該放心過正常的日子了，麗珠也是，我看得出這才八歲的孩子有多寂寞，現在她終於交了一個好朋友，你就別為難她了。"

麗珠父親的嘴角鬆了，他知道太太陪他一路走來，擔驚受怕，而他又只能偽裝小販，低調過日，生活著實不容易，何況太太說的沒有錯。

"你能保證麗珠會守著家裡的秘密？"

麗珠母親知道丈夫把她的話聽進去了，但她還是保持卑微的語調給了她丈夫一家之主的尊嚴："我向你保證，麗珠很懂事，不會給父母添麻煩，何況，我看這麗珠的好朋友是個懂得規矩的女孩！"

以上這段麗珠與父母的對話是我多年後追憶麗珠全家而臆想出來的，因為幾十年後，我讀了許多剛結束二戰後發生在台灣的故事才恍然大悟，麗珠根本就不像一個賣泡菜小販的女兒，她的中規中矩表現了家庭教養的嚴格非同一般，他們神秘的包裝是明顯有別於其他同學的，她很有可能就是留在台灣的日本後代。即便真是這樣，也並未使我對她的記憶褪色。

每當我和她一起做功課時，她的母親便會放些泡菜在飯糰中，親自端上來給我們當點心，我的舌尖雖然嚐到微微酸味，但那卻是帶著甜味的特殊酸味，就像我們的友誼。很顯然的，我早已意識到我們是來自不同的家庭和文化背景，各自都帶著歷史酸甜的滋味。

我也曾邀請麗珠到我家草坪上抓蜻蜓，她開始還十分含蓄遲疑，只是旁觀，但漸漸便不由得就被滿天的蜻蜓吸引，露出了她本有的童心，放開腳步，跟著野性的我一起捕捉蜻蜓。我們眼睛追隨在陽光下揮動的網，興奮地迎著港都水晶透亮的藍天尋找著蜻蜓。

往後在小學的短短三年，我完全適應了港都的一切，南部的炙陽，把我熔了，重新煉造，成了一個"南部人"。很快，小學畢業，考入國中，而麗珠考入商專，我們從此各分東西，連同我那放風箏快樂天真的台北日子，終於像草坪上的蜻蜓，飛遠，消失，但某些記憶的符號，使童年的意義變得特殊，例如來自那小小日式斗屋中的泡菜。舌尖上某些味道，總是不可言傳，卻長久留齒。

每當回想港都半世紀前的小學，同學的面貌都已模糊，唯獨麗珠，仍清晰地站在我面前，一身整潔的制服，小小的個子，大大的眼睛，胖胖的圓臉，含蓄的笑容，頭頂上剪了一圈蓋子似的短髮，我不時好奇地追想她現在會是什麼模樣？還在畫美人像嗎？她還記得草坪上的蜻蜓嗎？她還記得我嗎？

夢中，她赤足沿著一條清如明鏡的河流倘佯，
正享受那股滲心的水漣，
這時她看到幾個孩子在河邊玩耍，
孩子們都穿一身如陽光般的閃爍銀白。

五、白鰻傳奇

　　我每夢到弟弟時，他總還是個四歲大的孩兒，其實他老早成人了，他今年應該進入六十。

　　夢中，我抱著他，他大大的眼睛不知看往何處，眼神茫然憂傷。因為他天生青光眼，眼睛總有一層模糊的霧。在我懷中四歲的他似乎是在動完手術後剛回家。

　　我不明白，我夢中的他為何永遠這麼小，沒有長大。

　　記得父母當年剛得子時是如何的高興，尤其這孩子的眼睛特別漂亮，水溜溜的，黑白分明，充滿靈氣。除此之外，天性乖巧懂事，喜歡笑，不是個任性哭鬧的嬰兒，的確是上天的贈品。

　　母親常抱著弟弟坐在窗前享受台灣南部和煦的暖陽，輕拍他的背，嘴裡哼著"小寶寶，要睡覺，明日早早起來……"歌聲輕柔，一遍又一遍，從她安然慈愛的眼神和微微上翹的嘴角可以看得出那是世上最幸福的母親的微笑。

　　但弟弟兩歲多，陽光照射下的他會皺起眉頭，別過臉躲開，眼角發著鑽石般的亮光，我那年輕的母親看著那特殊閃亮的光芒，以為是奇人異像，得意地說：

　　"你看，兒子的眼睛裏有一顆鑽石！"

直到弟弟越來越有意地躲開直射的陽光，並且眼角流淚，父母才驚覺蹊蹺，急忙帶他求醫，診斷的結果讓父母陷入極大的震撼，弟弟是天生的青光眼！

醫生說，弟弟的眼壓會越來越高，要儘早開刀，拖延下去，就有無可逆轉眼盲的可能。父親毫無選擇，含淚地把這小小的生命送上了手術台。

弟弟眼睛纏著和小臉差不多寬的紗布從麻醉中醒來，父親在他身邊哄他："不哭，過幾天把紗布拿走又可以看了，不可以哭啊，哭了，紗布濕了就不能回家了！"

父親雖然事前對弟弟做了心理上的安撫，但父親不敢想，三歲的孩子正是開始用五官探試的時候，他還是個幼兒，能不哭嗎？萬一這通往新世界的窗口關閉了，這孩子將如何踏入這都還沒正式起步的人生！

但是弟弟沒有流一滴淚，誰都不知道他小小的心靈瞭解多少，他出人意料地自制懂事，沒有哭鬧抱怨，大人看了都為這孩子憐惜。當同齡的孩子正在輕鬆地成長，弟弟卻過早就必須勇敢而沈默地接受"人之大患在吾有身"的磨難。

當弟弟終於能拆線回家時，大家都充滿期盼，希望他從此能擁有一雙正常的眼睛！

然而，弟弟仍然時常流淚，他的眼壓還是不正常！醫生宣布手術失敗，將要再做第二次！

母親的情緒終於崩潰了！

母親的淚水比弟弟還多。弟弟不知是否已懂得大人的苦，他並沒有為他自己的眼睛哭泣，他睜著墨黑瞳孔的大眼悲憫地看著母親，還用小手抹乾母親的眼淚：「媽媽，不哭，媽媽，不哭！」

母親一聽，更加悲痛，這孩子天生乖巧靈慧，這麼小卻這麼貼心懂事，但何以自己卻給了他這樣的命運，讓孩子痛苦一生？想到這，她放聲大哭。

「我做錯了什麼？為何老天這麼懲罰我！」她抱著頭，一遍遍地問自己。

最後，她抓扯著自己的頭髮，喃喃地自言自語：「這眼睛很熟，我好像在那兒見過？」

父親聽母親越說越不對勁，知道她承受不了刺激，已經陷入歇斯底里，馬上安慰她：「別胡思亂想了，我向你保證，我竭盡所有也要治好兒子的眼睛！」

母親似乎沒聽進去，還在找尋記憶中的這一雙眼睛，最後，突然「哇」的大叫一聲，抬起紅腫的眼睛，直愣愣盯著父親，那眼神叫父親不寒而慄。

「你是怎麼了？」父親擔憂地靠過來，想紓解母親的情緒。

「走開，都是你，都是你的錯！」母親突然披頭散髮，像中了魔似地指著父親痛罵！

父親嚇了一跳，怕母親真的發了瘋，傷了兒子，馬上把兒子抱過來，退後幾步：「妳冷靜點，不要絕望，我不是說了嗎，就是傾家蕩產也要醫好兒子的眼睛！"

"都是你，都是你……"母親還是繼續瘋狂地指責父親："如果不是你吃了那白鰻，兒子就不會投胎到我們家來報復！"

這是什麼意思？父親一時不明白，愣住了，妻子果然是瘋了！然而他的記憶裏也立即跳出和弟弟一模一樣又黑又大的一雙眼睛，那正是一隻白鰻的眼睛！他不是個迷信的人，但也吃了一驚："天啊，這難道真是報應！還是巧合？"

母親突然變了一張父親不認識的臉："你說的，你一定要吃，吃了補身！這不是你的錯是誰的錯！"

父親看著妻子神色恐慌，又怪話連篇，不知道該怎麼安撫，唯一的辦法就是抱著兒子躲到院子，他知道妻子是找個悲痛的泄洪口，她已快被悲痛滅頂。

他抱著兒子逃到花園，這裡他還是可以透過玻璃窗口觀察妻子的動靜，他怕妻子會想不開出了意外。

他和弟弟坐在樹下的草坪上，母親的突然發狂讓弟弟恐懼，眼睛睜得又大又茫然，他摟緊父親，但沒有哭。

父親卻哭了，兒子就像那條江邊捕上來的白鰻，驚恐墨黑的眼睛，在他俯身看著它時，就是現在的表情！

到底在江邊發生了什麼事？過了二十年，弟弟順利從美國波士頓 Tuft Medical School 醫學院以第一名的優異成績畢業後，母親才終於能理性地將此事原委吐露給我。

那是她隨父親出川往台灣時在長江邊上發生的事。

出了三峽，船舶在險峻的河邊暫停。

天地悠悠，這趟出長江之旅，哪年才能重返故地？想到這，父親帶著母親下了船，緩緩在河岸徘徊。剛走不遠，父親一眼就被漁夫籃子裡發出的閃閃銀光吸引過去。

走近一看，原來是一條奇特的"魚"！

"這條魚多少錢？"父親興奮地問。

"先生，這不是魚，這是稀貴的白鰻，是不可以吃的呀，他是海龍王的小兒子，我們正打算放生，我勸你千萬別吃，吃了會得報應，這是船家世世代代傳下來的忌諱！"

不在江邊長大，受西式教育，講究美食的南方人父親哪會相信這套神話："我給你抵得上滿筐魚的價錢，只買你這條白鰻！"他傲慢任性地非要買。

"不可以啊，聽聽漁夫的話吧，寧可信其有，不可信其無！"四川南溪水邊長大的母親恐懼地勸說。

父親大笑，振振有詞："都什麼時代了，我偏要打破這迷信！"

他蠻橫地一把抓起那隻在太陽下通體發亮的白鰻。它黑墨的眼睛閃著淚水，張著無聲的大口向他求情，但他卻依舊把它扔進竹籃，丟給漁夫一疊銀鈔，提起籃子離開。

戰後，三峽邊的漁夫和縴夫生活艱苦，看父親給的銀鈔可以解他們至少半年的困境，他伸出發抖的雙手，收下了，眼巴巴地看著父親的背影，害怕又自責地喃喃懺悔："阿彌陀佛，阿彌陀佛！"

"放了它吧，我求求你！"母親不忍，伸手就想從籃子裏抓出白鰻放生。

父親強行攔住母親纖弱的手："我們南方人想的正好相反，越珍奇就越要吃，因為他會成為你身體的一部分，沒聽過'吃什麼補什麼'嗎？"

父親拋下母親，快步走回到船上，把白鰻交給廚子。

廚子一看籃子裏是條白鰻，立即害怕地搖手："不行，不行，殺了這小龍王會翻船的！"

父親無奈，失望地下了船，母親還是緊緊地跟著他，勸說。

父親只好去到河鎮街邊的一個破爛小飯館："伙計，麻煩你把它蒸了！"他又霸道地給了一疊銀票。

又黃又瘦的伙計遲疑了一會兒。

"別殺，別聽他的，快放回河裡放生！"慈悲的母親掙扎作最後的懇求。

餐館伙計看了看母親，又看了看桌上的銀鈔，最後選擇了可以換回一家幾個月食糧的銀票，提起籃子，轉身進了廚房。

最後，父親像個遠古的巫師，相信萬物靈氣一旦進入身體，就會你中有我，我中有你，化為一體，得到溝通天地的神力，他毫不猶豫，吃下了整條白鰻。

難道，進入他身體的真是海龍王的兒子？它化為父親的血肉，業障也隨之而起？在今天看來，這簡直就是無稽之談，毫無根據！這當然是迷信！但，為何母親對此事卻如此武斷？

弟弟的眼睛始終沒有恢復正常，為他開刀的醫生雖畢業於東京帝大，但醫術並不卓越，弟弟開了第三次刀，父親才警覺有誤，通過在美的記者姑媽得到艾森豪總統的特殊簽證，帶著五歲的弟弟求治當年的眼科名醫，賓州大學費德教授。費德教授坦言：若弟弟的眼睛能一開始就由他操刀，絕對可以恢復正常，可惜，事已至此，弟弟只能做不再惡化的治療。

費德教授幾十年來兢兢業業細心呵護弟弟的眼睛，直到他八十高齡去世。

在申請赴美治療的等待期間，父親為了兒子能長期適應新的環境，把弟弟送入天主教為美國在台人士子女所創辦的專以英語教學的"美僑學校"就讀。最初修女很排斥這惟一語言和文化和班上金髮碧眼的孩子們完全不同的孩子，但我弟弟的過人天資和乖巧伶俐竟很快贏得了老師的另眼相待，讓他成為寵兒。

弟弟雖擁有一雙缺陷的眼睛，但卻總是用沒有缺陷的完美樂觀觀賞他嶄新的世界。有天，他突然說道："想看電影。"那時台灣根本沒有電視，看電影是要上電影院的，電影院不但人擠而且還要有交通工具才能到達，於是忙錄的大人沒把這事放在心上，只以為這是弟弟從優渥的同學聽來的不切實際的兒話，很快就會在童戲中拋之腦後，但沒想到，弟弟竟然為大人的忽視委屈得哭了，令我心生憐惜。那時我已是個初中生，有了自行車，於是自告奮勇，承諾帶他上他心中充滿魔術奇幻的電影院，他這才破涕而笑。往後，每當公認的好片上場，我便會騎著腳踏車,帶著弟弟到市中心看電影。他總是如赴盛宴,一本正經地坐在車子後座,又安靜地在電影院裡認真地盯著螢幕,散場時我自然會問他:"看得懂嗎?"他嚴肅地點頭,那表情毫無做作,看來是真懂了,這叫我暗自吃驚,對才六歲的他有如此慧根刮目相看!

弟弟七歲赴美,自此留在美國,他從沒因眼疾怪罪父母,反之,非常體諒父母的苦心,帶給父母的只有榮譽。他絕頂聰明,從小就出群拔萃,又因善良穩重,多有金蘭之交。他從小學到大學都出類拔萃,一向在畢業典禮上代表全屆謝師,他的名字至今仍保存在紐約頂尖高中 Bronx Science 和享有盛譽的 Tuft Medical School 以歷屆第一名畢業生的榮譽刻於校友名人牆上。

當他名字出現在1998年的《紐約時報》一年一度律師資証考試的榜首時,我們才知道他除了醫科外還念了法律。我問他:"得了這麼大的獎怎麼家裡人都不通知一聲?"

只聽他淡然一笑:"我一向都是這樣,有什麼好宣傳的。"

上天給了他不完美的眼睛,卻慈悲地開了他的第三隻眼,通過心,他看到了琉璃世界。

這就是我的弟弟,我那受盡艱苦折磨,在逆境中修煉的弟弟,始終保持謙和大家風範的"海龍王的小兒子"!

這小龍王的兒子只來到塵世四十四年,他的視力隨歲月惡化,一隻眼睛已降到了盲線以下,遲早必將失明!那年,他患上罕見的血癌,病中一直隱瞞著我們,直到最後時刻知道將離我們而去時,才安詳地告知我這晴天霹靂的消息。我十分哀痛，哭著求他留下："我們一起想法來對付這病吧！現在高科技在醫學上有許多突破，你只要拖著，我相信治癒的方法很快就會破解的！"

然而，他只灑脫而平靜地安慰我："我並無恐懼，我每天問天上的阿爸，為何你還不來接我？我老早就準備好了！"

我雖心疼，但知道他已坦然地放下了生死執著，這的確減輕了我不少悲傷。想到他一出生就遭受非常人的肉體折磨，卻從不怨天尤人，總是以高貴莊嚴的心態迎接挑戰，即使最後的告別也是如此優雅從容，他的離去也許是最慈悲的解脫，我甚至痴想，是否，我的父親用了他四十四年來累積的一江淚水，洗清了他在長江邊的罪孽，於半年前辭世後，我的弟弟，這"海龍王的小兒子"也就在這業緣還清時，釋然隨他而去？

母親在弟弟過世當晚，做了個奇怪的夢。

夢中，她赤足沿著一條清如明鏡的河流倘佯，正享受那股滲心的水漣，這時她看到幾個孩子在河邊玩耍，孩子們都穿一身如陽光般的閃爍銀白。

突然，最小的孩子踏著水波過來。

"喏，還給你。"孩子微笑地伸出雙臂，掌上是一顆鑽石。母親猶豫："我從來不戴鑽石，怎麼會是我的？"

"真的是妳的，妳不記得了？"

母親接過鑽石仔細端詳，她似乎真的在哪兒見過！

孩子微笑轉身而去，當那孩子再度回頭對她揮手道別時，她突然看清楚,那是兒子!

這下,她驚醒了,看到銀月下,窗簾飄起,一股清風拂面。

我再度問自己,為何夢中的弟弟永遠是四歲?我頓然大悟!原來我是一直盼望著有機會再與這"海龍王的小兒子"從頭續一生姐弟良緣!

   天國之路

  如果有一條天國的路,
  我願為你用音樂引道,
  因為那也能感動上帝,
  如果有一條天國的路,
  我願為你寫一首詩歌告白,
  因為上帝安慰悲喜的靈魂,
  如果有一條天國的路,
  我願為你寫一本書
  細細叙述,
  因為上帝願助
  通往彼岸的漫漫長旅。

当两把长刀同时从林氏兄弟手中出鞘的那一刹那,
几道如太阳旗上的寒光腾空而出,
然而馆前披着金袍魁伟的后羿,举起他手中的箭,
挡住那寒光,射向那嚣张毁灭大地的九个太阳。

六、留取丹心照汗青

　　当兩把長刀同时从林氏兄弟手中出鞘的那一刹那，几道寒光騰空而出，然而馆前披着金袍魁伟的后羿，举起他手中的箭，挡住那寒光，射向那嚣张毁灭大地的九个太阳。

　　我瞬間淚湧，但我仍然舉起相機，捕捉這讓全場激蕩的一刻，我不能錯過，因為，我看到白髮蒼蒼歷經抗日艱辛的那輩人中，有人拿出手帕正揩拭止不住的淚水。

　　這天是2015年10月25日，早上十點正，地點在鐘山腳下的南京空軍烈士紀念館。七十年前的同一天，同是十點正，在台北，日本將領卸下軍國主義沾滿血腥的武士刀，卸下他扭曲的軍魂，把兩把各四五百年的名刀交到受降的中方代表林文奎將軍手中。那一刻，日本正式歸還台灣！淪為日本殖民地五十年之久的台灣宣告光復！

　　現在，林文奎將軍的兒子，林中斌和林中明兩兄弟，正將兩把見證歷史的寶刀，以莊嚴的儀式，獻給了抗戰中受盡屠戮的南京。這是林將軍的夢，也是林家三代傳承的中華魂。

　　林中明是我的夫婿。林將軍在世時十分低調，從不向我提及當年他曾是美國援華航空隊指揮官陳納德飛虎隊的中方代表兼情報室主任，甚至於他的兩個兒子一直都不知道他過去的這段輝煌歷史。我那時涉世未深，常隨中明造訪林父，林母那年正在以交換學者的身份授教於中斌正就讀的美國伊利諾州立大學，我到林家便常被林父邀請三人共進晚餐，林父每每準備了一桌簡單的素菜，其中必有皮蛋豆腐。皮蛋豆腐雖是非常普通的一道菜，但那味道卻在最不起眼的食材中讓舌尖感覺到了細膩的特殊滋味，那是因為和林家父子共餐的氣氛既嚴肅又溫馨的味覺碰撞？還是少女初戀的調料？總之，小小的院落，夜燈初上，一輪明月下，細細品嘗素食的氣氛肅穆平和。林父是佛教徒，席間的話題多是有關佛理。我沒有宗教偏好，宗教在我的生活域外，對林父的一番佛理似懂非懂，又加上他喜歡闡述佛經故事，年輕的我，無法領悟故事的深邃哲理，只覺得那僅是為傳教編出的神話，禮貌地頻頻點頭稱是，很享受他對二十歲少女能夠如此開懷深談。

但如今回憶，林父的開示正是藉著他一道不著痕跡的皮蛋豆腐，從我的舌尖傳到了我的心！

那時我看到的僅是一位幽默和藹的長者，有一雙異常明澈堅定的眼神，聲如洪鐘，身材微胖，我從沒意識到在到我眼前的林父原來是位抗戰中扮演了扭轉乾坤，決戰千里的關鍵人物。如今追憶，他的只談佛理是事出有因的，林文奎和孫立人將軍都是清華的同學和舊識，孫立人的冤案也牽連到他，他身處險峻，必須謹言慎行，住家附近每天布滿特務監控，他的一舉一動，所言所行，都會隨時上報。他本就是個虔誠的佛教徒，只好遁入佛門，祈求佛陀解救被獵人追殺的無辜鴿子。他和我之間，除了以佛理入我之心，還能靠什麼？

他只在兩兄弟十歲左右時，鄭重地從破舊的皮箱里拿出兩把彎刀，放在他們手中一人一把。兩把劍鞘都塗上黑底帶紅的亮漆，一把劍柄上鑲了純金的騎士彎弓射雕的精美雕像，另一把劍柄上鑲的是銀色菊花。這些圖案都是只有日本戰國時期（公元1467-1615）的貴族才能擁有的。

林文奎扼要地提醒他們："這是武士刀，是日本投降的歷史信物，你們一人負責一把，記住，別丟了！"

短短幾句，輕描淡寫，小兄弟沒體會到父親托付這稀世寶刀的重任，只是好奇地立即脫鞘拔劍，鏗鏗鏹鏹的金屬碰撞聲響徹室內，兩人樂得模仿從電影上學來《三劍客》的比武氣概。

"啊呀，使不得啊，這不是普通的刀，刀鋒銳利，會傷人的！"父親馬上警告他們。

這一提醒，兄弟兩人才立即垂下了手。雖然是歷經千錘百煉的寶刀，但，一只寶刀已被另一只敲裂了一個小口！

兩兄弟幾年後讀完大學出國留學，把父親的交代忘得一乾二淨，直到父親一九八一年突然心臟衰竭病逝，他們匆匆回台奔喪，整理父親破舊的皮箱，才記起這兩把寶刀。

這兩把寶刀仍然安然地存在箱裏，旁邊放著一堆信件，這些用毛筆寫的信大都只有寥寥數行。兩兄弟因為急於趕回美國工作，沒有細看，將信和寶刀一起又放回了箱子。

他們從母親追念父親的口中僅僅知道，父親曾經是個充滿血性的愛國青年，和上一代的許多年輕人一樣，投入了驅逐日寇，復興中華的夢。

她說："抗戰當年，我也恨不得沖鋒上陣，但我是個女子，手無'持槍之力'，無奈之下，我便決定嫁個軍官，我雖不能衛國，但至少能為軍官保家，替他照顧老小，讓他專心抗戰救國！"

我和我婆婆情同母女，無話不談，便快言快語地問她：

"那，你們是怎麼談戀愛的？"

"哎，這人毫無情趣，我和他第一次約會是在昆明湖畔，兩人不知該說什麼，湖邊飛來幾只鴨子，沒想到這林文奎直愣愣地望著鴨子，半天才突然迸出一句話，叫我又氣又失望，差點想掉頭就跑！"

"他說了什麼？"我更好奇地追問。

"他說：'這鴨子很肥，做烤鴨一定很香！'"

說完，我婆婆哈哈大笑，我也笑了，心想，軍人真的是不懂情調的"呆頭鵝"！

但當林文奎的抗戰功勳漸漸在近年浮出水面，當他曾是飛虎隊的中方代表，陳納德的機要秘書兼情報室主任的身份被揭開，我才頓然大悟，我的公公是何等的英傑！據說他也是個浪漫才子，在清華大學時就寫了無數豪情好詩，到歐洲軍事學校進修考察時也詩作不斷，但在西南聯大校花面前，他必須克制，一絲不能透露他作為情報主任的真實身份，無奈在約會時僅能情不由衷地談不關時局的鴨子！

三個月後，一九四一年，他們的婚禮在昆明聯大校長梅貽琦和教授馮友蘭的見證下隆重舉行！梅校長還在家裡為他們席開兩桌，歡慶兩日！為了籌錢補貼喜事，平日生活清寒的梅校長親自上街賣夫人做的上有四個紅字"一定勝利"的"定勝糕"！

遺憾的是，他在世時全家一直以為林文奎只是抗戰時和孫立人、沈崇晦因投筆從戎的壯舉而齊名的"清華三傑"之一，我年輕時所知道林父的簡歷是：他是廣東新會人，其父赴美經商，曾資助孫中山先生革命。幼時代表中國童子軍到歐洲比賽，得了第二名，之後畢業於清華地學系。抗戰爆發，毅然由文轉武，考入英國皇家空軍官校，做了飛官……如此而已！

原來，他初到台灣，直諫政府弊端，得罪當權，在風聞追殺令下後，早先一步孑孓出逃，只帶著見證歷史的這兩把武士刀速速避難香港。一九四九年，我婆婆不知夫婿已隱居香港，她辭去燕京大學教職，千里尋夫，帶著各七歲和五歲的兒子抵台，但林文奎已杳如黃鶴，不知所終。婆婆只好孤身持家，就職於台大中文系。

三年後一日，小兒子放學回家，母親告知："胖子回家了！"，兒子一看，果然一微胖男子坐在客廳，身邊放著一只大皮箱，面貌似曾相識，只有呆呆望著他。母親對丈夫的久久不捎信息，怒氣未消，指著那人，聲東擊西，指桑罵槐，對兒子說："都認不出誰了？這是你爸爸！"

以上片段是那小兒子，我的丈夫林中明對我戲劇性的描述。

我公公能回台與家小團圓是孫立人將軍的功德，孫將軍當時是陸軍總司令，為逃亡的校友和戰友林文奎力保，安插他在陸軍總部第二署，任陸軍中將署長。我公公本是空軍上校，卻出任陸軍總部重職，讓許多人跌破眼鏡！

但世事難料，抗戰長勝將軍孫立人也因功高震主，變成階下囚，我公公三度失去軍職，被列為警備總署名單上的第二號危險異議分子，受到監控，從此退役。

他因通曉歐美多種語言、文化、經濟和政治，任職政大國際經貿系和英語系教授，從此掩埋過去，低調度日，為了保護妻子和孩子，對自己的抗戰勳跡和台灣光復初的政壇風雲守口如瓶，他知道，在那風聲鶴唳的白色恐怖時期，家人對他的戰績和往事知道得越少越好，因為"欲加之罪，何患無辭"？自古"飛鳥盡，良弓藏"，看看同是清華校友的孫立人將軍的處境就知道了。

我的婆婆張敬教授是位了不起的女子，她是燕京大學公認的才女，精通戲曲、詩詞，書法出自她父親好友梁任公親授的魏碑，自成一體。當她丈夫林文奎被孫立人冤案牽連，陷入經濟困境時，我婆婆不忘當年的承諾，任職台灣大學中文系教授，擔起了全家最主要的經濟重擔。

一九九七年，我婆婆張敬辭世，已在事業上頗有成就的兩兄弟，追憶父母一生的艱辛恩澤，感念不已，唏噓整理父母遺物時，再度與兩把寶刀相遇。又細細翻看那些被五十年歲月和蛀蟲咬得已脆弱不堪的舊信，竟然找出了一封一九四五年蔣介石命林文奎飛往台灣接收日本第二十三空軍軍區的手諭，並且還有一張各軍區統率的序列表，但名字已有些模糊難辨。

小兒子中明是個工程師，邏輯思維好，追憶往事，突然想起："我還記得，高中時，有一天，家里來了個帶著日本口音的商人，對父親說：'我知道你收藏了日本戰國時期的寶刀，我受人之托，願意以一棟房子的價錢買下來！'難道日本人想買的就是這兩把刀？"

中斌立即問道："哦，有這回事兒？父親怎麼回答？"

"父親只說：刀已經不在他這里了！他不知道給軍方抄家時抄到哪兒去了。"

中斌追問："後來呢？"

中明說："對方打量我們家又小又簡陋，刀若還在，哪有不賣的道理，信了父親，只好無奈地走了！"

中斌恍然大悟："我明白父親為什麼要保護這兩把刀了，你還記得當初父親把這兩把刀給我們看時的叮囑嗎？"

中明立即答道："當然記得，他說這刀是台灣回歸中國，終止日本統治的的歷史證物！看來父親就是當年接收台灣空軍基地時從日本人手中接過這兩把寶刀的。"

中斌興奮地有如置身黑漆的洞底下窺見一束微弱陽光："這一堆信中有老蔣給他的信，頭銜是'空軍司令'，照日期看，他無疑是台灣光復初的空軍司令！"

中明說："我聽說孫立人家里也有一把岡村寧次獻上的寶刀，但在抄家時給強行掠走了，至今不知私藏何處！難怪父親要我們好好保存，希望有朝一日，這兩把寶刀能公諸於世，對歷史有個交代！"

"軍部應該還留有父親當年的檔案！但軍方密檔哪是任何人都可以進去翻閱的，好在我現在回台定居，認識的人多，總會有機會去查閱的！"中斌說。

兩兄弟決心要將真相水落石出，從而引證不容質疑的台灣歸屬定位，他們立志：保存好證物；等待適當時機，獻諸名館，展示後人抗戰愛國青年的"熱血千秋"。

天理昭昭，他們追求夢想和擔負使命的堅定不拔是火焰中千錘百煉的真正寶刀，在艱苦的道路上，這兩把心中利劍斬釘截鐵，冥冥中似乎也有一隻無形的手，協助他們推開一道道關鎖，將他們一步步引導至真相的終點。

因緣巧合，2000年，中斌任命為國防部副部長，現在，他可以堂而皇之地進入國防部的檔案查看他父親的歷史了。

然而，檔案是找到了，但卻早已遭有心人銷毀，空無一紙，所有的歷史無從追查。

兄弟決定，此路不通，另闢他徑。天無絕人之處，父親留下的信件就是解密的暗語，這些對父親以"兄"尊稱的信件字跡豪邁堅挺，看來是武人的手跡，用詞直截了當，顯露出手握戰略決策的身份。雖往往只有寥寥數言，但卻穿越時光，試圖和當年並肩作戰摯友的兒子再來一次溝通。

所幸，中明想起了那一張負責各軍區的將領序列表，雖紙張已佈滿了即將解體的粉末，但父親和幾位軍官的名字不難一一對照資料查出。

不看不知道，一看嚇一跳，父親的名字和陳納德將軍並排，下標注："空軍情報秘書室主任，台灣首屆空軍司令"！

中斌欣喜若狂，證據居然"遠在天邊，近在眼前"，父親確實曾在抗戰中左右戰情，決策千里！

但，這些往來的信件是出自何人？這人謹慎神隱，只在信尾簽上一個密符！

中斌自勉："不能放棄，繼續追蹤，我在情報局里有朋友，先問問他！"

中斌小心翼翼地取出一張較厚較完好的信，放進塑膠袋。

情報局的好友看了又看，最後說："字里行間確實是傳達情報的密語，只有幾個內圈的人才懂，何況這些又都是上輩來往的信件，我沒法解讀，這樣吧，我認識老前輩，我幫你打聽打聽。"他影印了副本。

中斌這好友不久帶回來的消息讓中斌雀躍三尺。好友說："這是戴笠的手跡，簽字的特殊符號是只有最信任的幾個人才知道的，戴笠當年的親信一眼就認出來了，沒錯！"

哦，原來父親和戴笠還攜手處理情報，以兄弟互尊！

下一步就是中明接手了，他是電腦專家，上網查各種資料來源易如反掌，況且，他也遺傳了父親解析情報的"特異功能"，只見他日夜顛倒地上網搜索，不錯過任何蛛絲馬跡，循線追蹤，也感謝許多熱心人士加入搜索，果然找出了許多父親抗戰時的照片和白紙黑字不容置疑的證據！

終於，林文奎卓然功勳大白於世，他的正傳應細述如下：

他出生於廣東先賢之家，其父在夏威夷曾資助孫中山革命。九一八事變後，他被推為清華大學的領隊，赴南京向蔣介石抗議國民政府的對日不抵抗政策，得到宋美齡的接見。宋美齡鼓勵他先把書讀完，再來杭州筧橋投考宋美齡正在籌劃的中央航空學校。

　　林文奎回到清華，修得經濟和地學兩個學士學位，放棄了留美獎學金，果然報考剛成立的中央航空學校第一期，兩年後，以學科和飛行第一名優異成績畢業，被蔣介石派去意大利學杜黑的空襲轟炸，又赴德國進修軍略。

　　他在1937年抗戰爆發前回國，輔助陳納德成立飛虎隊，並赴美發動華僑捐款購買戰鬥機，在舊金山招收愛國華僑子弟，培養修護機械和飛行技術人才。

　　之後，他在昆明任美國華僑飛行學員教練，擔任第五戰區的空軍參謀長，並肩與美國十四航空隊和滇緬遠征軍打擊日本皇軍，是陳納德、孫立人將軍地空作戰的戰友。

　　2019年我們專程赴北京拜訪已九十高齡的翻譯大師許淵沖，他當年是是林父的英文秘書。追憶當年，感懷林文奎是如何準確推譯出日軍即將在某日某時偷襲昆明的情報密碼，使飛虎隊早做布防，成功打下了十架日機中的九架，日軍落荒而逃，從此不敢飛臨昆明上空，昆明長期受空襲之苦自此解除。日本投降後，林文奎因此破例得到杜魯門總統的嘉獎信！

　　抗戰勝利，林文奎受命出任23戰區空軍司令，掌管全台機場，戰後治台，並主管國際情報工作。1945年9月底，他從筧橋機場，率一中隊，降落台北松山機場，正式接收台灣。

初到台灣，他敏銳覺察到國民政府的貪腐之風，以萬言書直諫蔣中正各項弊端，忠告若不查辦將激起"民變"。此舉得罪了當權派，於是被明升暗降，遣往英國皇家參謀學院學習，之後，遠調紐約中華民國駐聯合國軍事代表團空軍參謀長。

但他仍不改"嫉惡如仇"的忠義作風，揭發了軍事代表團長毛邦初貪污美援的弊端，因此又再得罪了蔣毛勢力集團，被毛邦初買通紐約黑手黨追殺，所幸華僑線人及時通報，他迫不得已，只得走為上策，孑孑一身僅帶著見證歷史的兩把武士刀和幾本重要的兵法理論書，避險香港。

那是一段多麼是非顛倒不堪回首的年代！

林父血淚往事的真相大白後不久，崗山空軍基地為林父舉辦了隆重追思展示會，空軍雜誌也詳述了林文奎的一生，還原了這段"失落的歷史"，還原了真正的林文奎。

這些還原史實的宗旨不只是單純地為林將軍平反，更是要提醒幸運的戰後出生的我們現在所享受的尊嚴和幸福是勇敢的抗日青年前仆後繼，用鮮血和生命換來的！

我常想：受政治迫害的林文奎，孫立人和二十六歲就如綺麗的煙花，在夜空稍縱即逝的沈崇誨會後悔他們年輕時投筆從戎的慷慨嗎？我相信他們一定在生命的終點回顧一生時，豪邁地長嘯，滿意地離去，因為，他們傳承了中國文化"人生自古誰無死，留取丹心照汗青"的傲骨，他們精忠報國，對歷史有了交代，他們漂亮地完成了夢想和使命，在人世間瀟灑地走了一回！

看看二兒子中明寫的詩就明白了：

> 蘆溝烽煙平地起，清華三傑奮從戎，
> 崇誨出雲立人繫，林公文奎鬱歿終，
> 自古英雄多遺恨，夜看流星劃長空。

這時，見證"光復台灣"歷史文物的兩把彎刀還壓在箱底，上世紀九十年代台灣在李登輝的主政下再也不慶祝台灣光復！那刀柄上穿著一身刺眼的金光騎在馬上的武士，再度舉起他手中的箭，陰魂不散地試圖放弓！另一把箭上的菊花似乎得到了養分，正悄悄地綻放。

2002年，台灣公布刀槍管制法，嚴禁家中私藏武器。中斌仍在國防部就職，對如何處理這兩把刀左右為難，弟弟中明力爭這是台灣歸屬的見證，千萬不可輕易上繳，他緊急回台，暗中和好友商量對策，最後這位"兩肋插刀"的"鐵哥們"將兩把刀藏在運往美國的鋼材貨運大櫃箱里，以"魚目混珠"的高招，成功地送到美國中明的手中。

如果遲了幾年，這兩把寶刀就絕難逃過現在高科技的檢驗。天道無親，常與善人，天時地利人和的巧合，自有天地玄機，這其中的驚險波折如果細細述說，比大明星湯姆克魯斯主演的百萬賣座影集"不可能的任務"（Mission Impossible）不知要精彩多少倍呢！

唯一遺憾的是，為了避免萬一被海關搜出，從那兩把刀柄上的精美雕飾看穿是傳世名刀，定然會被扣押，這位好友只好拆下騎士和菊花，使刀能在危機中安然蒙騙過關。不幸這位好友完成這任務不久離世，這雕飾也就下落不明了。

這一路陪著林家兄弟推開障礙的無形之手，終於在二零零八年推開了最後一道通往康莊大道的大門：南京將建一座抗戰空軍烈士紀念博物館，邀請林氏兄弟參加破土儀式！

2009年，這座為感激中外空軍抗日時義無反顧，壯烈禦敵而延續我中華文明的的博物館，終於魁然立於鐘山腳下。

林氏兄弟知道這里就是父親冥冥之中引導他們夢想目標的歷史見證之地了！

中明給兩把劍取名為"殷鑒"和"明夷"，"殷鑒"是"殷鑒不遠"的深意；"明夷"不但暗指日本是曾犯我中國大地的"明代倭寇"，並取易經《明夷卦》"日入地中"的字義，冀望日本太陽旗永遠沈入黑暗，不得擾我錦繡大地！

他們意義深遠地選擇了抗戰勝利七十年後的十月二十五日，台灣光復紀念日，十點整，武士刀交到父親手中的那一刻，正式獻刀，回歸正史，刀將永久藏存於南京抗日空軍烈士紀念館！

這夢想從一九四五年就照進了林家兩代心靈的路程，終於在此完美歇腳！我們在典禮完畢後到達上海，準備由此返美時，居然有早已失聯的林家親屬三代見了電視和報章報道，趕來相會，那是林文奎將軍手足的後人。

中明的表姐和表哥還帶來許多林家老照片，三表哥說："抗日勝利後，上海街頭每天公佈接收軍區的負責人，終於第二十三天，宣布舅舅（林文奎）接管台灣日本空軍基地，全四川路的廣東老鄉欣喜若狂，爭相傳頌，至今此景還歷歷如在眼前！"

五表姐指著照片上中明從未見過的近親，一一解釋給中明：「喏，這就是我媽，你爸爸的大姐，這是我的大哥，你的大表哥，長得跟舅舅一樣英俊……」

　　他們血濃於水的感情交融得如此自然，不因幾十年地理和時空的隔離而影響，聊了一下午，意猶未盡，表姐熱情地說：「我還有好多上一輩的照片給你看呢，這樣吧，到我家吃我的拿手菜，我們吃完晚飯再聊！」

　　可愛爽直的表姐問我：「你們想吃什麼？」

　　我脫口而出：「皮蛋豆腐！」心想林父做的皮蛋豆腐這麼好吃，一定是出自林家秘方！

　　表姐叫道：「哎呀，你別客氣啊，皮蛋豆腐太普通了，我可是廚藝的高手啊！想不想吃紅燒肉？獅子頭？還有，現在正是吃大閘蟹的時節呢！晚上咱們也吃大閘蟹吧！」

　　我只好點點頭，沒再堅持，她怎會明白舅舅下半生的「台灣故事」？更別提我快半世紀前少不更事的年輕往事了！

　　繼而一想，我也是到了最近才自以為破解了林父「皮蛋豆腐」的故事和心思，皮蛋外黑心黃，林父是否寓意著他在國民黨白色恐怖天羅地網的黑暗中，他的心仍是如蛋黃色彩的「炎黃」子孫般忠貞！是「留取丹心照汗青」的暗示，是他情報生涯的最後一道密碼？如果真如此，那麼四十多年後的此時，走過人生千山万水的我，才终于嚐出了他皮蛋豆腐的味兒，那真不是一般的美味，那是舌尖上的中華魂！

　　席間，我不由得心想：堅毅不拔地跨出追求夢想的第一步时,奇迹就会降临,眼前這一百年來中國魂前仆後繼傳承累積的榮景不就是這奇蹟的鐵證?

在我記憶里,
很少聽到父親談及他們的私交,
只有當我在葉公贈送的四幅畫前好奇瀏覽時,
父親才會意味深長,若有所思地說:
"葉公超喜歡畫竹子,畫得最多,也最好!"

七、都一處的午餐

上世紀中期有一首法蘭克辛納屈 (Frank Sinatra)的老歌："忠於自己"(I do it my way)。這位嗓音沙啞蒼老卻清晰嘹亮的義大利人是父親最喜歡的歌手，為此，我也對他多有關注，雖然他的歌不屬於我這一代。

當年才二十左右的我每聽此曲時對這綽號"瘦皮猴"的六十多歲老頭兒無切身之感，只充滿同情。歌詞是一位即將人生謝幕的長者對自己一生的依戀回首，那強自安慰的無奈與滄桑豈是正在享受年輕生機豐沛的我心能參透而戚戚焉的？

忠於自己

我快要謝幕了，
老友，我坦白講，
向你述說，我確切認識的自己，
我活了充實一生，
走過所有大路，
而更重要的是，
我忠於自己。

憾事，我有一些，
但少得無足掛齒，
我完成當作的事，無不堅持到底，
曾計劃好每段前路，
僻徑中步步為營，
但更重要的是，
我忠於自己。
沒錯，有些時候，你肯定知道，
我擔起，卻解決不了，
但由始至終，與困難時，
我總全然扛起，
也肯和盤托出，
我都一一面對，
昂首佇立，
忠於自己
…… ……

如今，我已和當年的"瘦皮猴"一樣步入耄耋之年，這首歌卻讓我"老淚縱橫"，那雄厚但強自樂觀悅咽的聲調撼動了我老去脆弱的感情。

何況，這首歌似乎也道盡了我父親在生命即將謝幕時的心潮！

那年正是上世紀即將結束，父親患上肺癌，食慾盡失，知道去日無多，在悲喜交集的一生回憶里徘徊。一天中午，突然用他發黃黯淡的眼神看著我，嗓音喑啞地對我懇求："我想吃'都一處'的燒餅！"

"都一處"！這名字對我十分陌生，也很奇怪，我試圖想從記憶里找出這是一家什麼餐館，在什麼地點？

但我不敢多問，怕一向體貼的他因怕給我增添麻煩而讓我失去盡孝的最後機會。二十多年前Google還未問世，私人電腦也不普遍，我只有立即搬出厚重的紐約市電話黃頁本急急查找。

"就在法拉盛，圖書館正對面的巷子里。"

他看出了我的窘境，用乾澀微弱的聲音簡短地提醒，並叫我遞給他紙張，顫抖地在紙上寫出了三個歪歪斜斜的字"都一處"！

"我這就去，除了燒餅還想吃什麼？"我明白父親從不以他個人的喜愛和孝順的大道理來支使子女為他跑腿，我只是擔憂地看著他發黃失去生機的黯淡眼睛，心想，聽說回光返照的人通常食慾特殊，我順從地使勁兒點頭，掩蓋我的悲傷。

體貼的他看透了我的心思，吃力地喘著氣，斷斷續續地安撫我："我在台灣時……常和葉公超在'都一處'……吃午餐，我……很想念他！"

父親鮮少和我們透露他在宦海浮沈中的喜怒哀樂，這時卻難得地表達對好友葉公超的懷念，他本就是個重感情的性情中人！而我一直都不知道台北有一家叫"都一處"的飯店，他想吃的"都一處"原來遠在天邊台北，近在紐約法拉盛！想到這，我緊繃的擔憂鬆弛下來。

"喔，好，我馬上就去！"

葉公超早於1982年去世。父親和葉公超的交情深遠，台灣舊居的牆上曾掛有葉公超和嶺南派大師黃君璧聯手畫給父親的梅蘭竹菊四幅掛軸。父親、葉公超和黃君璧都祖籍廣東番禺或鄰鄉，在鄉音阻隔的台灣孤島，可謂惺惺相惜。如今兩位都駕鶴西去，三人中最年少的他只有靠舌尖的記憶去品嚐當年他們的清風高誼了！而父親如今也是日薄崦嵫，想到這，我眼睛一紅，怕引起他感情上更大的波動，轉過身，出了門，眼淚方才撲撲簌簌地落下。

葉公和父親，一位是扭轉乾坤的外交部長，一位是手握銀行外貿部借貸大權的銀行監管，葉公比父親大十五歲，他們倆是忘年交，但父親不太向我透露與葉公的深交，在我記憶裡，很少聽到父親談及他們的私交，只有當我在葉公贈送的四幅畫前好奇瀏覽時，父親才會意味深長，若有所思地說："葉公超喜歡畫竹子，畫得最多，也最好！"

當然他不能多說，葉公被軟禁後，父親和他們的關係也必須保持低調，為了不讓不懂世道詭譎的我張揚出去。

作為葉公超的好友，他能讀懂葉公的心。懷璞受黜的葉公只有在畫中默默絮語宣思，竹是葉公的化身，他的靈魂隱寓在竹子裡，只向看得懂的人傾訴他的君子士人氣節。

父親與他之間絕非只是同鄉情誼而已，他們都有著嶺南人天生率直的性格，兩人都有不容於官場的"大砲"脾氣！這種性格最不見容於以柔術屈身的官場文化，何況他和葉公超在風華正茂的五十歲左右遭遇相近，這更加深了他們相濡以沫的情誼。

葉公是個公認的才子，出身名門，書畫俱佳，劍橋大學文學碩士，二十二歲即任北京大學和北京師範大學西洋文學系教授，是"新月派"文學的創始人之一，瀟灑不拘，通曉中外經綸，據說講課時從不備課，想到哪兒說到哪兒，有著狂妄隨性的魏晉風采。他本該在學術界大有所為的，然而抗戰爆發後，國難當頭，像許多愛國書生，他毅然投筆從戎，收斂起放浪不羈，投入本就是外交世家叔父葉恭綽的麾下，以他出群拔萃的外語和傑出的辯才進入政壇，在中國存亡之秋，做出了無數力挽狂瀾的貢獻。

　　他在護衛文化上也功不可沒，抗日時幸得他巧設"以假亂真"之計，瞞過妄想橫掠國寶"毛公鼎"的日軍，將"毛公鼎"金蟬脫殼，安全運往香港。如今"毛公鼎"保存於台北故宮博物院，被視為鎮館之寶！他的碧血丹心，機智遠略，可昭然留名青史！

　　但1962年葉公超卻因外蒙入聯事件，被出爾反爾的蔣介石當成代罪羔羊（見黃天才《"外蒙入會"與"葉公超去職"》），把他召回台北軟禁，從此再也未能伸展才華。他晚年回憶感歎道："我本立志著書立說，但為了救泥沼里的人跳進了這外交圈的泥沼里，不料自己也陷進去幾乎滅頂！"

　　我的父親出生銀行世家，畢業於上海震旦大學政經系，抗日時，一面就職金融界，一面參與青年救國軍，是馮玉祥的英文秘書。抗戰一勝利就被派往台灣接收銀行。四十多歲壯年時，便以他的外語能力和外貿多年經驗被委任為台灣當年承先啟後的對外經濟特區——高雄加工出口區的首任銀行主管，，但凡進出這風水寶地的外貿資金都必須經父親之手方能運轉。這是個錢堆里操作的差事，自然有許多人覬覦這豐厚的潛力。

但實驗性的加工出口區必要有像我父親這樣的專業園丁才能苗生樹長。數年後，終經辛苦經營，加工區茁壯成林，順利運作，成績斐然。這時在旁垂涎三尺，蠢蠢欲奪台灣當年唯一經濟特區權勢的覬覦者，憑藉自己的政界人脈，竟然欲以莫須有的罪名誣告我父親與商人利益勾結。幸好我父親的司機挺身而出，證實父親向來依法辦事，凡有商人賄賂的錢財，一概不收，皆囑咐司機親自送回。事後方知，這司機竟是當年老蔣身邊侍衛，本是個安插在父親身邊監視的，所幸他實話實說，方令父親的操守公昭於世，無瑕可擊，得以脫困。

一向潔身自愛，盡忠職守的父親在這次險些陷入囹圄的打擊中，萬念俱灰，看清自己非當權派嫡系，有朝一日終會落入如葉公超的結局："飛鳥盡，良弓藏，狡兔死，走狗烹"，決定在五十出頭的壯年高峰急流勇退，申請退休來美與妻團聚，寧可憑卓越的商業眼光，洗淨鉛華，自立自強。

他的愛國之心亦如葉公超筆下的竹子，始終如一。

1970年代，中美建交，中國對外開放的第二年，他申請回廣探親，積極協助中美商貿，終在1980年初協助上海中船成功開拓海外項目。他是早期中國承包國外基建的搭橋功臣，每年都替那時外資儲備窘迫的中國大陸賺進3000萬美元左右可觀的外匯。

自由而飛出牢籠的他與始終被密探監控而無法與家人團聚的葉公相比，是幸運多了！

也因此，他更能了解葉公的苦悶，他每有機會到台灣時，必一如當年，與葉公在"都一處"共進午餐。他們也許什麼都不談,避免葉公周遭的密探打小報告,他們也許用粵語談的都是輕描淡寫的家常瑣事,然而,他們心有靈犀,必然在無需掩飾的清澈眼眸中如面對鏡子,都照見了彼此的肝膽忠良。

兩人在"都一處"用午餐必然是"葉公超"的意思,因為在我的記憶里,父親一向是個舌尖上的行家,週末往往是我兩父女舌尖的探險日,在這獵奇上,他是個天才獵手,從未失手過。但我們大多上家鄉口味的粵菜餐館,我從未聽過有這麼一家奇怪名字的"都一處"!但這不難明白,當年二十歲的我,天真單純,他哪會帶我上那充滿了大人世界奧密的"都一處"!況且那又是父親的隱密聖地!

想必葉公在這與北京同名的飯店里恍如置身當年,追念那已遙不可及,風流灑脫,意氣風發的北大年華,那是他人生的經典傳奇。

"都一處"是乾隆皇帝命名的,有御筆扁額為證,據說當年乾隆遛出皇宮,假扮平民逛市集時,看上這小攤的燒餅,攤主因只是蠅頭生意而差於起名,乾隆惜其美味,叫太監送給攤主一紙御旨聖墨,上寫三大字:"都一處",意思是京都一處珍味!從此"都一處"扶搖直上,成了京都文人墨客的雅集之所。這濃厚的文化傳說和舌尖結合的飄香,自令四方八面來取經的北京客流連忘返!

三十多年後,在也有"都一處"的台北,當門庭若市熙熙攘攘的大使夢化為門可羅雀的黃粱一夢,官場浮世繪便成了葉公詩中和墨下的隱喻。

如今葉公同幅畫中的竹子竟和我年輕時瀏覽的大有徑庭!我是"風動?幡動?心動?"

一個外省人的台灣故事　93

走過千溝万壑的人生之路後的我，也擁有了父親歷練滄桑的雙眼，再看那竹子，不再是竹子，不是僅僅筆順墨熟的竹子，看到的是這特殊的竹子訴說著歷經人世滄桑後無奈的謹慎和收斂，竹林七賢的灑脫不拘只能隱藏在筆直不屈的竹節裏，不能說，不好說！

看他晚年寫的這首詩是否窺見其心？

"登月人歸佳話多，何曾月裡見嫦娥？舉頭望月明如舊，對月無言且放歌。"葉公是借月比喻自己如月亮神話中孤寂的嫦娥？

唐伯虎畫有一幅"嫦娥執桂圖"，如今珍藏於紐約大都會博物館，據解說員說，這是官場坎坷的唐伯虎藉嫦娥隱喻自己的孤寂。

唯有明月照我心？

1999年的那天，我沒買到法拉盛"都一處"的燒餅，因為"都一處"重門深鎖，不久前已歇業了！我可以推定，這家廚藝一定虛有其名，和台北的"都一處"無可匹敵。我只得空手而回。如今回想，我是否該演一出"善意的謊言"，法拉盛也有其他的北方店，另找一家的燒餅來哄哄我父親？

但我從未對我父親說過謊，一來，我沒有這惡習；二來，以他對我的了解，他一定會看穿的，他最恨巧言令色的人。何況，我知道，他並非想吃燒餅，他只是想再嚐嚐那熟悉特殊香味中令人追念的友誼默契。當我空手而返時，他沒說什麼，更沒抱怨，也許他的心思就如《世說新語》《思舊賦》中向秀追懷嵇康的一聲輕呼："托運遇於領會兮，寄余明於寸陰"，感激此生短短"白駒過隙"中知遇知心的緣分，或也如王子猷想念好友戴安道一樣，"乘興而來，性盡而返"，父親那一門深深對葉公超的心思已乘興了！他有生之年幸得此友，也可"興盡而返"了！

這或許就是法蘭克辛納屈在"忠於自己"最後的結語：

> 我愛過，笑過，哭過，
> 曾嚐苦，曾失落，
> 此刻，淚開始乾流，
> 一切倒覺有趣，
> 回首前塵，讓我毫不羞愧地說，
> 不，不是我，我只忠於自己，
> 人算什麼，人擁有什麼？
> 失去自我則一無所有，
> 說話由衷，而非屈膝阿諛，
> 往事證明，我逆來順受，
> 我忠於自己，
> 自己！

作為女兒，我也只能如法蘭克辛納屈，寄情於詩，但願，人間場景不是"畢竟總成空"的遺憾！

單線

不知怎麼地
搭上了這
有去無回的車，
沿路的風景如走馬燈，

>一段平原，一段深谷，
>一段陽光，一段風雨
>穿過數不盡的隧道，
>暮然回望，
>盡是上車，下車的
>美麗偶然。

希望這兩位真性情的老廣，父親和葉公，還在宇宙車上的某個一層不染的空間，在"都一處"的台北舊飯店的隱僻角落桌前，共剪西窗，細聽梅雨，把茶言歡，品嘗乾隆皇帝推薦的燒餅，談著京華風雲，瀟灑如昔於這一趟美麗偶爾緣分的人生之旅上。

盼到還鄉不見鄉，
還鄉事事斷人腸。
城郭人民皆非是，
飲食起居少舊章……

八、北京的義大利餃

(原刊《中外書摘·經典版》2015年第一期
上海人民出版社)

附近開了一家墨西哥猶太人的雜貨店,因為健康食品多,生意非常好,我於是也經常光顧。有一天,看見他們大冰櫃裡居然放了模樣和餃子一樣的東西,以為是哪家中國家庭寄賣的。仔細看了上面的說明,才發現其實和中國餃子是兩碼事,裡面包土豆,乳酪等等,是純粹洋貨,它叫Perogies(中國譯為"波蘭餃子"),是蘇聯和東歐的食品。原來這老闆是上世紀70年代從蘇聯到墨西哥,再從墨西哥到美國的猶太移民,難怪猶太食品是這店的特色。

這使我不禁想起1980年我在北京吃到的"餃子",那和這店裡的"餃子"一樣,都有些讓人意外。

1980年,我進入紐約教育局,為了不辜負只有那職業才有的"特殊待遇"——兩個月長的暑假,我選擇了進入中國,這自小只從照片上相認的故鄉;我成了"背包客",獨自闖蕩共產江湖。

到了北京,那文化腦震盪真是叫我瞠目結舌,不勝枚舉。光說吃的,一進到餐館,心想,來北京當然該吃有北方特色味兒的吧,於是叫了水餃。

"幾斤？"

第一句話就叫我愣住了，好不容易回過神來，回了一句傻話："幾斤有幾個餃子？"

服務員一聽就知道我是外來客，不多說，只自言自語地替我作了主："來一斤！"

我心想一斤可是相當大的份量啊，但我能如何說得明白，我們度量衡的觀念不一致，那簡直就是雞同鴨講。

等了半天，終於來了，開心得等不及要看看正宗的北京水餃模樣，不看不知道，一看嚇一跳："嚇，是義大利的 Ravioli（中國譯為"義大利餃"）！"

那四四方方，兩片薄皮上下壓在一起的怎能叫"餃子"？

算了，已經苦苦等了快一個小時，飢腸轆轆，先餵飽再說。

一吃，裡面沒什麼東西，舌頭實在不承認這就是水餃。

但一想，入鄉隨俗是作客之道，我只有慢慢適應著。

付賬時，又一個震撼，我問道："多少錢？"

"兩張糧票！"

我又懵了，什麼是糧票？何況，我哪來的糧票？幸好陪我的北京朋友立即掏出兩張小小貌不驚人的"糧票"，才解決了問題。

我這麼多年來一直在困惑，為何 1980 年，北京沒有水餃，只有義大利的"ravioli"？或許那是從蘇聯進口的"改造餃子"？

1989年，五月，我第一次陪我的婆婆，台大國文系張敬教授，回到她四十年前離開的家鄉"北平"。

飛機還未降落，她就成了淚人，近鄉情怯又悲喜交錯。

然而，我們停留在北京直到月底，她都沒吃上她最喜歡的餃子，這個她最懷念的家鄉口味，她竟然連問都沒問。那讓九年前曾受到北京水餃震撼的我十分好奇，難道她早就知道，北京水餃已經變了樣？

她回家後，寫了一首以三十韻組成的長詩，名"返鄉曲"，曾登載在《聯合報》和《國語日報》的《古今文選》。一開頭就是："盼到還鄉不見鄉，還鄉事事斷人腸。城郭人民皆非是，飲食起居少舊章……"

她一定是從舌尖上體會到北京的陌生味道，餃子一定也不再是記憶中那個手工精心包裹出來，帶著傳統香味，餘韻不盡的餃子，但或許也是因為整個北京城鬧烘烘地"請願"，使她因焦慮失去了胃口。

如今站在二十多年後回首看中國，我纔恍然有悟：1980年，中國麵粉供應短缺，麵包只有在友誼商店才買得到，雜糧多是玉米粉做出的窩窩頭，哪能浪費資源做圓形皮的餃子？二十年間浪淘沙，中國歷經翻天覆地的改革開放，北京的今天，如果你叫一盤水餃，絕不會給你四四方方機器壓出來的 Ravioli 小兄弟了，水餃甚至於名聲遠播，征服了美國紐約白人的胃。

今天，即使在北京我再吃到Ravioli"餃子"，我也不會介意。只要它有義大利傳統味兒的濃郁大膽，可以吃出什麼叫義大利風情,換言之,一個真正的 Ravioli!

中國在二十一世紀已經有了"舌尖上的中國"的美譽,可惜我的婆婆已經去世了二十多年,如果她今天還在,她的"還鄉曲"一定還有第二篇續曲。

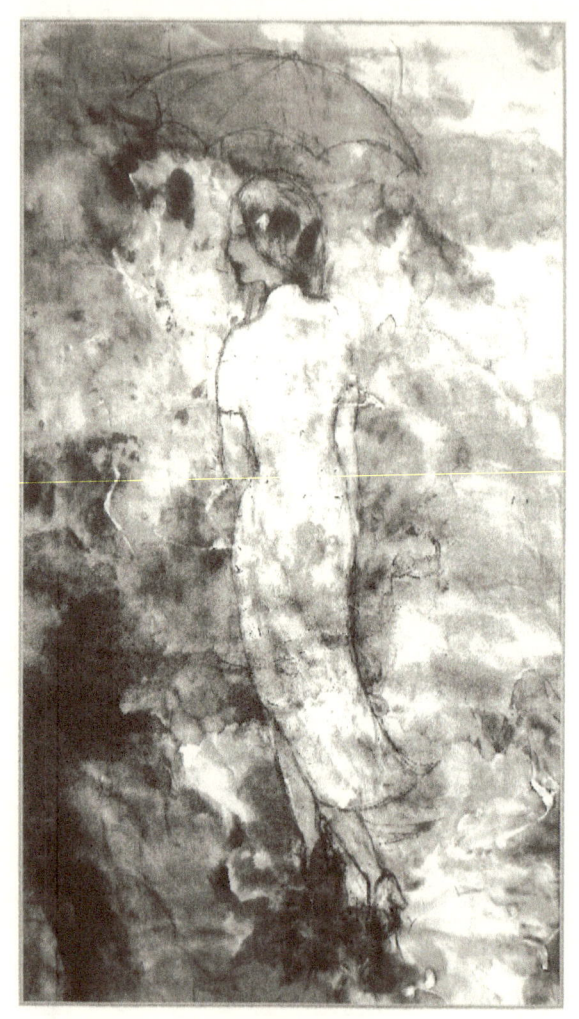

白蘭花戴麗人行

國畫裏的觀音，
一襲素雅旗袍，
擺動如銀色帶魚
悠游於街道。
烏髮上的白玉蘭
是天女的散花。

九、母親的手

母親出生在四川長江邊南溪古鎮的王家，如今南溪已是宜賓市的一區。

王家遷自廣東梅縣，曾做過官，後又經商致富，解放前被稱為"王半城"，可見祖宅產業之大，據說吸支煙的時間還沒法走完一面牆。田莊的小山坡上蓋有馬廊，養了不少馬，男子們常輕裘肥馬奔走山林，過著蜀地天高皇帝遠無拘無束的日子，但如今這一切都已灰飛煙滅，和許多百年大家的命數一樣。

像南溪這樣的依山傍水、風光秀丽的小城，倒是有著浓厚的文化底蘊，出幾個叫得響的文化人也是很自然的。近代最有名的就是與王家通婚的包家。包家祖上包弼臣清朝在京為官，書畫別具一格，慈禧太后戲稱他為"字妖"。外公的姊姊就嫁給了包弼臣的孫子，一位傑出的農業專家。台灣銘傳大學始創校長包德明就是出自包家，是我母親的遠親表姐。

然而外公因不識人間煙火和人心險惡，當袍哥甜言蜜語捧他登上排行老二的三爺（四川語"二爺"是粗話，故跳過），他便鴨子硬上了架，家產給了這幫"仗義的哥兒們"吃喝玩樂，化得沒個譜，王家兄弟於是急急分了家，試圖保住自己應有的祖上的一份遺產。

我母親就是在這家族危機時出生的。

豐沛的長江水給了母親濕綢細嫩的白皙皮膚，從她滑潤如玉的手就看得出她的嬌寵。她天生散發一股清香，香味兒幽淡如記憶中母親頭上的玉蘭。我喜歡穿她留下的衣服，因為我似乎仍能從她的衣服上聞到餘香。

雖然家道中衰，但外公究竟是書香門第，竭力培植後代，又加上民國時期男女平等，母親除了唸舊學之外還上了新式學堂，畢業於四川最傑出的女子師範學院。抗戰期間她在南溪隔河對岸的同濟中學培育學子。戰時，上海同濟大學遷址李莊，逃難此地的職工和教授們的孩子們就讀此附屬中學。母親的纖纖細手寫得一手出色的書法，古文背詠得一字不差，是位傑出的老師。

我父親畢業於上海震旦大學政經系，自小在香港唸洋學，他的中文底蘊也很深，據說看過他文章的給他這樣的評語："多一字太多，少一字則不足"，可見他運筆的功力。而中西學的堅實基礎給了他海闊天空的視角。父親抗戰時就職宜賓的農民銀行，和外公是忘年交，頗受外公賞識，於是外公把自己的么女許配給了他。

我像父親，濃眉大眼，沒有遺傳到長江女兒線條無瑕圓柔的臉龐。母親的眼睛細長，眉如新月，皮膚滑潤如脂，現在追念她時，竟覺得她和大足石刻的觀音像長得一模一樣！

1946年抗戰剛勝利，父親便遠調台灣銀行，母親只得告別南溪,到千里迢迢的天涯海角,從此一別故鄉三十年!

記憶裏,在台灣,我家裏總是有人代母親做家務,包括烹調,所以母親的廚藝不佳,她凡能端上檯面炫耀的就只有她的幾道四川辣味了!

她無辣不歡,我小時自然就跟著她一起吃辣,也達到了無辣不歡的境界,一直到我母親因吃辣過度,患上胃潰瘍,不得不戒掉辣食的習慣,我這才被強行斷了"辣癮"!

追憶這段"辣味"童年,我問自己,為何我會毫不猶豫地嘗試母親思鄉的烈味,這不適合孩童的劇辣?是否是潛意識裡強烈地想得到她的認可?渴求母愛?母親成長在禮儀嚴明的舊式家庭,不善於表達情感,不像老廣父親熱情奔放。父親毫不掩飾以擁抱表達父愛,而母親那美麗的雙臂總是羞澀地垂下,除了小心翼翼地環抱襁褓中的弟弟,輕輕地唱著催眠曲:"小寶寶,要睡覺,明日早早醒起來……"雙臂小心晃動如搖籃。她很喜歡小孩,看到別家的孩子也是充滿喜愛,歡欣的表情像是送子觀音。

小時許多記憶都模糊了,但我仍清晰地記得這一幕,這是台北深冬,正值雨季,天色陰沉,室外淅淅瀝瀝地下著細雨,順著低矮日式房屋的瓦簷流下,水聲疲乏而倦懶,似乎這雨已經下了好幾天。薄而輕的白色木格紙門關得嚴實,試圖擋住水氣,但室內的空氣仍然凜寒而潮濕,母親正手持碳塊燒熱的熨斗,勤快地燙著弟弟一塊又一塊的尿布,吸透的水發出"滋滋滋"清脆的聲音,化為白色熱煙,正順著燙斗濃濃升起如雲霧,空氣裡散發著淡淡的童尿味和焦味,弟弟在襁褓中裹得嚴實,在榻榻米上的厚棉被裏睡得正酣，幽暗的室內，只有母親頭頂上的燈開著，這金色的光束托顯出一位肅穆聖潔的年輕女子，她輕輕地哼著兒歌，寧靜而滿足，七歲的我，一點也不感到冬天的濕寒，眼前的這一切都暖呼呼的，不知是因為熨斗發出的熱氣還是我稚心自然的感動。

母親卻是菜籃子都沒提過，週日自有購物幫手，週末又是講究美食的父親蹓躂菜市尋寶的日子，那也是我隨父親上"遊樂場"縱情口、耳，舌、鼻諸等俗慾的時光。沒有嚴厲母親盯梢，我和父親可以吃吃喝喝逛上大半天！

她做的唯一的"家務"就是給孩子做衣裝。我猶記得放學後的遲午，有時一進門，就看到她歡暢地踩著縫紉機的踏板，雙手矯健地將布滑過跳躍的鋼針。我放下書包，緊挨在她身旁，看著她快樂美妙的手腳配合無間，有如舞蹈；太陽西斜穿過紗窗灑在母親幸福的臉上，風體貼溫柔地拭去她臉上的汗，她正沈醉在親手設計的衣服穿在孩子身上的期盼，我則想著穿著新衣時的炫耀得意。

父親很疼母親，一年春節，父親為解母親濃濃鄉愁，特別請了四川廚藝高手做了一大串四川香腸。家中熟悉的廣式香腸中突然飄來了一股喧賓奪主的四川花椒特殊味，喚醒了我深埋在舌苔的蜀地基因。到今天，那麻辣仍在唇齒間燃燒，那從舌尖直達靈魂的體會是兩種文化震撼的二重奏。

我自小膽大如男孩，最開心的是新年和男孩一塊兒放鞭炮，當女孩們躲得遠遠地，搗著耳朵，縮著身子尖叫時，我就心生幾分與眾不同的得意感。到了初中，又迷上網球，每每找鄰居高中"大"男生比賽，皮膚曬得如"烤鴨"，左右兩肘一細一粗，不但難以想像這樣下去身材會如何走樣，那股打球的"蠻"勁比男對手還狠，這在半世紀前相當保守的"男女有別"的風氣下，看在南溪長大的舊式母親眼裡，我是個跟"秀外慧中"沾不上一點兒邊的"黑類"！完全缺乏雲霧繚繞長江女兒應有的"儀靜體閒"的溫柔！

然而父親卻對我的風格毫不奇怪，他喜愛自然，也明白萬物各有秉性。母親看在"南蠻"父親的分上，也就放棄了培育"小蠻女"改造成"淑女"的念頭。因此，到今天我還一直遺憾沒有被調教出母親的古典氣質。

人有不測風雲，我十四歲時，因小我七歲的弟弟患有天生的青光眼疾，生活在優渥安逸中的母親在得到費城眼科名醫費德的幫助下，毅然擔當起獨自帶著弟弟赴美求醫的重責，離開了父親的安全港灣。

我永遠記得她在進關時一隻手溫柔地牽著七歲的弟弟，另一隻手依依不捨，但勇敢地地揮手向親人告別的那一幕，我在她轉身離去後默默流淚，心情複雜，但能理解，因為，我也疼惜我受盡眼疾折磨的弟弟。

父親只求獨闖天涯的母親唯一任務是專心照顧弟弟醫治，無須為生活費操心，但誰都明白美國的高水準消費對拿台幣固定公務員薪資的父親是多大的負擔！1960年代台幣對美元的匯率是 40 比 1，於是母親瞞著父親進了紐約好友開的服裝設計公司，從此定居紐約。她那嬌嫩的雙手毫不猶豫地放在縫紉機上，開始了她自力更生之路！

同時，她努力學好英語，身邊隨時帶著小筆記本，每遇到新的詞語便立即記下，幾年下來，累積了好多本，記牢了無數詞語，終於融入了這"莎拉拼盤"光怪陸離的多色世界！

八年後，我與父親前後來美與母親重逢，她一見到我便張開雙臂擁抱我，習慣了東方式相敬如儀的我受寵若驚，手足無措。記憶中的母親保守含蓄，但終究還是母女心連心，最終磁鐵般緊緊相擁。

八年的磨練讓母親破繭而出，幻化成一個獨立自主的現代女性，那曾經美麗的雙手撫滿滄桑，雖已不再輕軟如昔，歲月卻已將十指雕琢成鋼琴家的精準幹練，但那力道不是敲打，是長江水中溫柔的淘沙。

出乎我和父親的意料，她竟也能做出許多中西佳餚，那在我記憶中舉棋不定的雙手，如今定奪食材分毫不差！

然而，她還是我熟悉的母親，她的聲調依然如江水吟詠，她的笑容依然是東方的含蓄寬容，她的姿態依然是蜀山綠水的從容不迫。

我每隔一段時間從學校回家，她總是張開雙臂迎接我，又放開雙臂送別我，我已習慣了這西式熱情，不再遲疑，也立即迎了上去！

我畢業後，她最喜歡掛在口頭上的一句話就是："如果我早來美國就好了，我真想有機會多讀書，也拿個碩士！"

她個性好強，是個上進的現代女性，只是生不逢時，一度徬徨在新舊文化的十字路口，又太早走入家庭的羈絆！

一九七八年中美建交，她迫不及待寫上三十年來牢記於心的家鄉舊址，寄出家信，請求中方政府幫忙尋親。幾個月的煎熬等待，終於接到來自成都的回信，她激動不已，卻不敢拆開，不知帶來的信息是憂是喜？當發抖的手好不容易撕開信封，看到信裏夾著一張照片，急急抽出一看，竟掩面嚎啕大哭，繼而開懷大笑，把父親給急壞了，她上氣不接下氣地又哭又笑："上天……開恩，母親……和姊姊……一家人都……還在！"那年，外婆已七十多歲高齡，母親多年的思念，終得上天垂憐，能再見到老母安在！

那時我才了解母親為何在我童年時不苟言笑，因為她把自己波濤洶湧的悲傷擋在情緒的堤防之外，怕是一旦崩潰，那歇斯底里的痛苦洪水會沖毀了孩子們天真而不知愁滋味的童年。

據表哥說，當年文化大革命剛結束兩年，一日政府機關的人突然造訪，他們嚇得夠嗆，急忙迎接入門，小心翼翼地在冒著冷汗的臉上堆滿笑容，寒暄泡茶。官員坐定，喝口茶後，劈頭就是一句："你們是不是還有一個女兒？"

姨媽以為大禍臨頭，犯了"不如實交代海外關係"的罪名，趕忙硬著頭皮說："沒有，我沒有妹妹，我媽只有我一個女兒。"

送信人這才取出已被拆開的信，幾分脅迫地晃著信說："別瞞了，這就是妳的妹妹寫來的信！"

姨媽嚇得臉色發白，她有心臟病，差點兒昏厥過去。

外婆這時開了口，十分平靜，不慌不忙地撇清關係："我年紀雖大了哦，腦子還清楚哦，四十年來身邊就只有這女兒照顧我,就是還有個女兒,也老早不知是生是死囉,你們絕對找錯了人哦!"

送信人看這滿頭白髮,纏著小腳的外婆,知道她年紀的確不小了,必然走過這世紀顛簸流離的無奈世道,他自己多年來在政治的起伏中也看盡悲歡離合,於是動了惻隱之心,嘆口氣,指著信封上的字,口氣緩和下來:"千里尋親是該恭喜的好事呀,喏,還是美國寄來的!"

家人急忙湊過頭,擠在一起,但看不懂那來信地址上的陌生文字。

"美國紐約寄來的啊!"官員似乎看得懂,得意地點著字母說:"喏,世界大城啊!"

大家滿腹狐疑,面面相覷,心照不宣:"不是去了台灣嗎,怎麼會是美國的來信,這該不是個圈套吧?"

臉上的表情早已洩露了天機,老練的官員怎會看不破,他放低姿態,輕鬆地大笑,意圖解除王家的防備:"莫怕,現在中美友好,可以往來,沒問題了!"

他乾脆攤開信,唸起信來:"親愛的質彬姊……"

姨媽一聽就明白了,因為"質彬"是她的號,自己早已離開南溪多年,除了一起長大的親妹知道舊名,還會有誰?接過信一看,那筆跡如此熟悉,親切的用語又曾是他們姐妹之間的密碼,看來這真是她朝朝暮暮思念的妹妹的來信!

家人千謝萬謝,送走了官員,關上門,母女一起抱頭痛哭，那感情的決堤是高興，也是宣洩。

家人成功聯繫後，母親歸心似箭，一年後的1979年就迫不及待地奔赴成都，三十年的鄉愁如滾滾長江，波濤洶湧，千山萬水都無法阻擋！

之後，她幾乎每年都回鄉侍奉母親，她還試圖把外婆接來奉養，彌補幾十年未盡孝道的虧欠，但外婆以高齡不適合搭機婉拒了。外婆走時九十歲，母女三人在她最後的十幾年圓滿團聚，訴盡衷腸，也了無遺憾了！

幾十年間浪淘沙，在歷史細沙的無聲磨滾中，母親這一代人又老去了！

母親平滑柔潤的雙手漸漸如老樹般顯露著年輪，尤其在我父親和弟弟辭世後她突然老了許多，她滑潤如脂的臉龐和手背上不知怎麼地一下子冒出了許多斑點。一向每日都會梳理得整齊高雅的母親常望著鏡子感慨歲月的殘酷，但在女兒眼裡，她仍是最美麗的母親，擁有長江水賜予的最柔情的一雙手！

如今我這一代也不知何時手背出現了這些年輪，時光在父母重逢於另一個世界之後也過去了近十年。

母親2013年底走後次年4月，我由表哥和表弟陪同，從成都開了幾小時的車，第一次回到母親的家鄉南溪，追思母親，憑弔先祖。

表哥努力憑記憶尋找王家的祖宅位置，老地址是"上政街60號"，聽說就在南溪舊稅務局附近，但解放後，"南門"都改成了"文明門"，街道不但重劃，也都改了名，哪還有什麼"上政街"？

上政街好像就是如今的"下政街"。當年商船從長江南門碼頭下來，上了大約有三十級，通過城牆的"南門"，便進入了古鎮南溪兩旁盡是茶館的一條街，再大約向前走約五十米，便與東西走向的商業大街"上政街"相遇了。

表哥上了大街，往右轉，尋尋覓覓，走了不遠，找到一石牆上留有斑駁殘缺的模糊刻字，仔細推敲，似乎是"稅務局"三字，掩不住興奮，左右仔細觀察了一會兒，手足舞蹈，指著周圍的一片地說："應該就是這裏了，我小時住過，依稀還有印象，但如今四周早就收歸國有，改建成一片公家宿舍，能找到就是奇蹟了！"

我們沿這宿舍中間尚存高大古牆的長長窄巷走約三十多米，到了後面方形的小庭院，這大概就是當年的天井，園中有紅磚砌約一米高的土台，中央一株桃花樹，即將凋零的粉紅小花在稀稀落落的綠葉間正透過陽光向稀客招手，若隱若現。我突然記起母親曾提過童年常與表姐妹在四合院桃花樹下追逐玩耍的往事，不知是否就是這一株？幾十年後老根盤錯深植，因而堆土砌磚保護？我一廂情願煞有介事地說："姨媽一定和我媽還爬上這樹玩耍過！"

"不記得媽提過，何況我六歲就到成都去了，那時交通不便，哪會常回家鄉？她成份敏感，也不好多說，只有離世前托我回南溪祭拜外公，但南溪早年土地改革，墓地都已刨平蓋房，我照母親給的地點即使找到了，遺骨也不知去向了！"

"怎不先通知你們來拾骨？"

"我們是地主，是黑五類，人民公敵，誰敢沾邊？"

我們無語好一會兒，沈默中，院子的蟬聲響起，此起彼落。據說夏蟬十七年輪迴，百年六次起死回生，正好經歷六道輪迴，你們是否爭先恐後向我們講述曾經在這庭院里的世紀滄桑？

回到碼頭，望著歷史如斯的濤濤江水，這一衣帶水的長江定常縈繞在母親的遊子夢中！長江曾環抱著生於斯長於斯的她就如同慈母護航的雙臂，而她，也如斯守護著兒女！

對逝去親人的思念惟蘇東坡說得透："十年生死兩茫茫，不思量，自難忘……"人生如夢，恰似江中明月，似虛似幻！

我為稻粱謀奔走多年，雖孝心常在心中，但父母一生傲骨，從未強求兒女任何回報，如今追憶他們，才完全領悟了"樹欲靜而風不止，子欲養而親不待"的悔恨和痛惜。

我最後一次被母親雙手緊緊擁抱是在她去世後兩星期的一個晚上，我剛閉上眼睛，竟看到她就在我面前，她的不遠處有一道門，母親的容貌潔白無污，煥發著她亮麗年輕歲月時的風采！

我問她去哪兒？她沈默地微笑，毫無戚容，轉頭看著這道門，我立即明白那是一道通往永久告別的天門，我哀求著："別走！"她張開雙臂，走過來溫柔地緊抱著我，一如往昔，我可以感觸到她的雙手傳來的溫柔慈祥。她一語不發，隨後將我輕輕放開，與我揮手告別，這時我突然張開雙眼，不知這是一場短夢，還是我開了第三隻眼？

我確信她是真的來了，我們兩人的今世緣就如同我追念她時寫下的詩，情境如夢如幻，卻又極其清晰：溫馨的春陽下，她穿著素色旗袍，正帶著六歲的我在台北熱鬧的購物衡陽街的騎樓下，為成長中的我尋找合適的鞋子和衣服。那是她最嬌媚的年華，而我幼小的心靈也為她的護佑感動：

母 親

國畫裏的觀音，
一襲素雅旗袍，
擺動如銀色帶魚
悠游於街道。
烏髮上的白玉蘭
是天女的散花。
六歲的玉女，
緊追她划下
不著痕跡的
花香，水紋！
引渡在魔幻流年的長廊，
由巷頭至巷尾！

她沒見過這麼皎潔的蝴蝶,
翅膀上沒有一絲斑點,
而身體發出燐火燦光,那是什麼蝴蝶?
那難道是從她幻想v中飛出來的?

外篇一　蝶年

（原題"那年，蝶年"，刊載於台灣《皇冠》雜誌 2014年 729、730 兩期）

1

那年，台灣 1960 年代中葉的一年，校園的蝴蝶真多，操場上成群飛著，生物老師說不出所以然來。他，就是這樣跟著一隻淺色的蝴蝶，來到了思嘉的教室。

那是個初春的午後，窗外鳳凰枝頭正開始點燃生命的紅色火燄，而他的眼睛也是一隻蝴蝶，閃著太陽的光芒，上下穿梭在窗內窗外。

那年，台灣雖仍處戒嚴時期，經濟的漸趨穩定促使了思想逐漸開放，這所南部女中的校長心血來潮，破例地在填鴨式本科外添加了幾門輕鬆的課外講座，而這門課，正是那時難得鼓勵思想自由的《文學欣賞》。

坐滿一室黑裙白衫的學生，看累了一天的黑板白字，黑夜的瞳眸隨著他的目光，饑渴地尋找黎明。

他肥頭大耳，寬挺的鼻梁下卻是一張輪廓清晰的小嘴，淡眉高額，穿一身寬鬆淡褐的長衫，飛累了的眼睛，停下來，合扇半閉，入定吐納，一時給人的印象是一個歇腳的僧人正站在高高的講台上，托著一個破缽，小心翼翼地提到胸前，吟詩般緩緩地唸出一句四字真言："錦瑟年華，歲月明珠。"

同學們一頭霧水，似懂非懂，一片寂靜。他有些失望，沉思了半晌，改說："這個道理就是：年輕的少女全是美的，年輕的文章全是寶物！意思也就是：青少年的心像水源清流，明澈如鏡，我希望妳們要多寫，過了這段天真年華，就很難寫出純質如泉的文章了！"

一位三十多歲誤入"尼姑庵"的"和尚"，如此直截了當露骨的比喻似乎前所未有，然而大家立即會意了，掩著嘴，嘻嘻嗤嗤天真地笑了。

他肥短的手指輕輕地伸展開來，胸前的老缽竟打開成兩片巨蝶的翅膀，定睛再看，原來那是一本染了半世紀歲月的"古書"：一本硬紙厚皮的英文詩集，他大聲以抑揚頓挫的英語唱出悅耳的曲調，接著再用中文吟詠：

> 哪，最接近的，
> 甚至比你的命運，
> 和我的更接近的，
> 閃著夏夜的奇蹟。

他的戲劇性讓全班愣了幾秒，突然"噗哧"一聲，在思嘉背後，接著遠遠地左邊又一聲。

他似乎沒在意，眼皮低垂，自顧自地又說："美國詩人康明思寫的名《詩》"。

也許是康明思的名字莫測高深，再也沒有聽到訕笑聲了。

"還上不上朱老師的課呀？"一下課，思嘉立即問小芬，因為她聽得不著邊際。

"當然上！"小芬不加思索，十分肯定。

"什麼叫當然嘛？"

"怪新鮮的！"

思嘉和小芬打從初一就同班，兩人都喜歡看小說，靈犀相通，使得她們形影不離。到了高中，居然兩人又長成一般中等身高，只是在體型上，思嘉偏瘦，窄肩細腰，一張娃娃臉，大眼水靈清澈，小嘴玲瓏巧雕，高鼻秀麗含蓄，她的外形一直如此閉月羞花，是一枝不願受春風左右獨來獨往的奇葩，與小芬一年一個樣急於怒放的鮮花成了強烈的對比。小芬杏眼修眉，肌滑骨豐，生理的幻化更接近她的年齡。然而兩人天生的一動一靜，並未影響彼此的惺惺相惜，也很少因個性上的南轅北轍而相剋。

熱衷時下風生水起《自由派》散文隨筆的小芬，一上《論語》便露出她的本相，和老師喋戰不休，為此，名列校方的"黑名單"，差點以"目無尊長，大逆不道，妖言惑眾，思想顛覆"被逐出校門。自此，只好收斂起她的鋒芒，落得只能私底下向思嘉宣洩的分："哼，什麼《論語》，那是兩千多年前的醬缸！老太婆的裹腳布，又臭又長！"

看來，朱老師的課是對上了她這"反骨女"的胃口。

接下來的幾堂課，朱老師想到哪兒，教到哪兒，動不動就唸首"印象派新詩",鼓勵學生隨性發言,這前衛作風,苦了這些明年即將面臨大學聯考壓得喘不過氣的同學,她們寧可把寶貴而有限的時間花在為三節一大考,每節一小考,分秒必爭的備戰上,三星期來的陸續退課,班上只剩下了三個學生,思嘉,小芬和莉莉。

"這下好辦了,一個老師,三個學生,我們用不著教室了。"朱老師自我解嘲:"我終於知道誰是真正喜歡文學的學生了,天氣炎熱,我們四個人就坐到鳳凰木下談吧!"

他穿著米白無領短袖上衣,寬灰長褲,額頭閃著汗粒,迫不及待矯捷地跨出教室,走向在教室旁的鳳凰木。

小芬和思嘉急忙跟著他,對望了一眼。小芬咧開嘴,笑得很得意,明顯地向思嘉邀功:"沒騙妳吧,他的點子怪新鮮的!"

鳳凰木的密蔭下,三個女孩雪白的校服和灰色的水泥凳上斑斑點點印滿了鳳凰葉片深淺不一的墨影,幾隻米色蝴蝶閃著陽光,飛了過來,停在朱老師的左右。朱老師先坐下來,示意她們三人坐在兩旁。於是,莉莉選了落絮較少的一邊坐下,小芬接著大剌剌地在鋪滿落絮的另一頭坐下,思嘉只好挨著小芬,用手掃清了葉片,方才坐了下來。

放了學的校園十分恬靜,除了樹上的蟬聲和鳥鳴此起彼落,白日的炎熱此時竟只留下港灣海風下的一股溫情。

朱老師迷醉在南國柔風呢語中,敞開了他的心胸,談起了他自己:"我曾經是個流亡學生,妳們知道什麼叫流亡學生嗎?"

小芬立即說:"當然知道,我爸爸告訴我的,他有過很多這樣的學生,他們是一九四九年後流亡到台灣的年輕學生!"

"妳說對了,我那時和妳們一樣大,家鄉戰亂,父母只好把我交給軍隊裡的大哥,我就做了流亡學生,來到了台灣。"他輕描淡寫,因為這故事很長,何況,對未遭戰爭蹂躪的幸運的台灣新一代,"過去"是政府一直想掩埋的痛苦,禁止她們觸碰。

"總之,我離開了父母,我的哥哥就成了我唯一的親人,他資助我念完大學。然而做個詩人是要像希臘荷馬那樣到處流浪的,所以我從北部流浪到了南部,像個吉普賽人!"

"什麼是吉普賽人?"思嘉問。

"吉普賽人是個不知家在哪兒的族群,他們用唱歌、跳舞紓解情懷,和我寫詩的動機一樣,他們過得雖然窮苦,但是自由自在,你們聽過小提琴獨奏曲《流浪者之歌》嗎?"

莉莉馬上接腔:"聽過,那是我爸爸最喜歡的唱片,很棒!"莉莉父親珍藏了大量的原版經典唱片,他是剛從南洋回國投資的華僑。

小芬和思嘉立即對莉莉刮目相看,她們和莉莉是到了今天才相識的,以前誰也沒有機會交談。

"哪天到我家來聽吧!"雖然莉莉的口音帶著陌生的南洋腔,臉上又是一種外鄉人事不關己的冷漠,但是這話卻是誠懇的。

"我看得出妳們都有潛力,有主見,妳們年輕,該學會做自己,用你們難得的想像力,自由自在地飛往高處、遠處,懂嗎?"

小芬和莉莉立即點頭,思嘉只好也慌忙地點了下頭,雖然她很懷疑小芬和莉莉是否真的聽懂了。

　　朱老師滿意地結束了這堂課："我這課沒有課本，我不要妳們照著課本依樣畫葫蘆，我要妳們發揮潛力，想什麼就大膽地寫什麼，希望下堂課能讀到妳們的詩！"

　　紅色落日正好落到鳳凰樹梢，樹上紅花燒得盡情，把校園佈置成一個豔麗的舞台，他們都各自在舞台上演繹人生，十幾歲剛在人生起步的少女會點燃心裡那把火苗扮演什麼角色？她們將會在她們的詩裡一字一句地琢磨。

　　思嘉和莉莉推出自行車，她倆住得離學校不遠，小芬卻是要走半里路到公車站，然後再坐大半小時的車才回得了眷村的家，單獨在暮色下回家是有些失落的：

　　"老師，您住哪兒？我們一塊兒走。"

　　"哦，不用了，謝謝妳，我就住那兒。"他指著校園南邊牆外的一所廟宇。

　　思嘉推腳踏車的手突然煞住，回頭急急看著小芬，果然小芬臉上的笑容僵住了，十分怪異："哦，那……那我先走了，我得趕車，再見。"她撒腿就跑，從思嘉身邊跑過，對思嘉吐吐舌頭，那是背著朱的，他沒看到。

　　她倆都心裡有數，那廟宇是個什麼樣的地方。

　　這學校旁的廟宇正好在學校的南邊，和學校隔著一條狹窄的死巷，人煙稀少，沒見過什麼善男信女上香參拜，只有一位瘦小的女人，常飄忽在牆下的陰影中，輕悄悄地，像個不著地的幽靈,誰也看不清她臉上的表情,因為那是一張淚痕斑蝕、布滿皺紋、模糊不清的臉,花白的長髮總是散亂地披在肩上,穿一身暗如夜色的黑衣。據說,她是位空軍的遺孀,丈夫早在十年前就在一場任務中墜機殉難,她是痴痴地守著丈夫在這荒廟裡的墳墓,大概這是她能和他相聚的唯一地點。又有人說,他的肢體不全,因此靈魂常在陰天或夜裡出來尋索。這樣的傳言總是越說越神秘恐怖,嚇得學生不敢貿然靠近,即使那是一條翻牆翹課的最佳捷徑。

2

思嘉和莉莉陪朱老師步出校門,揮揮手,分道揚鑣,然後一齊跳上自行車,騎了兩條街口,終於追上了寂寞趕路的小芬。

"跑得挺快的嘛。"思嘉取笑臨陣脫逃的小芬。

"說得倒輕鬆,妳不怕?那妳去吧!"小芬為自己的失態挽回面子。

"真是好心沒好報,我趕上妳,就是知道妳一個人走這段路怕黑。"

"算了,我膽子才沒這麼小呢?"

莉莉聽出他們語中的蹊蹺,和思嘉一同跳下車,並肩走著,忍不住問:"妳們說怕什麼來的?"

"沒什麼⋯⋯"小芬和思嘉異口同聲地笑著掩飾。

"莉莉,妳的國語聽來很特別,妳是哪裡人?"小芬急忙轉移話題。

"我生在印尼,去年才到台灣插班。"

"哦,難怪妳看來和我們有些不同,我說不出是什麼,原來妳是華僑。但是難得妳還會說國語呢。"

"這不奇怪,印尼華僑的小孩從小就學中文的。"

"那妳一定會說好幾種語言了!印尼文、中文,一定也學英文吧……"

"嗯,還有法文。"

"哇,功課好多,累死了。"

"不見得比這兒累,這兒的功課又重又煩,有些課我根本就不知道為什麼要讀。"

"唉,可不是,好比三角幾何、大代數等等,我又不打算念理工!"說起來思嘉心有戚戚焉。

"印尼學生和台灣學生有很多地方是不同的。"

"說說看,讓我們開開眼界。"小芬問。

"在印尼我們沒有男女分校,我不明白,這兒為什麼要分開。"

"我也不明白……"思嘉同意。

"唉,那可又是孔老夫子的把戲,什麼'男女授受不親'啊,一派胡言。"小芳嗤之以鼻,乘機開始批判。

"論語裡可沒提到孔子這麼說啊。"思嘉打趣著。

"傻丫頭，反正儒家是這麼說的，信不信由妳。"

小芬緊接著好奇地問莉莉："印尼學校唸這'裹腳布'嗎？"

"什麼'裹腳布'？"莉莉沒弄明白。

"沒什麼，沒什麼。"小芬洩氣地打消追問的念頭。

"我們還可以留長髮呢。"莉莉意猶未盡地說下去。

"真的？"小芬和思嘉羨慕極了，學校不准學生頭髮過耳，把豆蔻年華的少女硬當成個思凡的尼姑管教。

"我的頭髮以前長到這兒的！"莉莉在臂上比了一比。

"唉，我們得畢了業才留得了長髮。"小芬下意識地在肩上摸了摸，想像著長髮的她如何脫胎換骨。

她們陪小芬到了車站，又聊了一會兒，看她上了車，才各自散開。

思嘉慢吞吞地踏著自行車，沿著河邊回家，兩岸已華燈初上。近兩年，國家成立了加工出口區，吸引外資，於是積極整頓市容，沿岸去年才裝置了西式路燈，照著新鋪上的平滑柏油，點綴著三步一夾竹桃，十步一椰子樹，引來許多人約黃昏後的情侶，南國的浪漫空氣裡飄著夜來花香，路燈的圓圓倒影，如等待情人的心，在水裡波漾起伏。

思嘉並不急著回家，因為她知道家裡人從不知道她是幾點回的家，除了大院的門房和家裡的老安。

她家就在河邊，這國家金融機構的高級主管宿舍鬧中取靜，除了擁有一大片綠茵草坪和一個收集了幾十種亞熱帶珍花奇卉的花園外，還擁有兩個網球場和籃球場，在六十年代的台灣，若非美軍宿舍，是極不平凡的住所。

到了家，她先把自行車放在前院，上了幾層台階，進入客廳，四周看看，果然沒人。她把重得和她年齡不成比例的書包隨手卸在蠟色光亮的木地板上，吐一口氣，穿過客廳和飯廳，到了廚房，一看，老安在裡面炒菜，她聞到一股甜酸味，她知道他又在炒他最拿手的"甜酸包心菜了"。

"回來了？"老安頭也沒回，問道。雖然他手上的鍋鏟快速翻炒得鏗鏘哐啷。他畢竟還不到五十歲，耳朵還十分靈光。

"回來了。"

"今晚的晚飯就簡單點兒吧。"

"好啊，哦，他們已經走了？"爸媽赴宴是常事，她只是沒話找話。

"還沒有，在樓上。"

"哦……"

她走到他身邊，看著鍋子裡淺翡翠色的包心菜上點綴著黑珍珠似油亮的醬油滴，她突然覺得餓了。

"您的這道菜最好吃，有什麼秘訣嗎？"

"有什麼秘訣？"他哈哈大笑，很喜歡她的捧場："不過就是醬油、糖、醋加在一起吧，但要拿捏得準。餓了吧？我想妳大概該回來了，果然，時間剛剛好。"

"那,我到樓上看看,馬上下來。"

"不急,上樓梯別跑,絆一跤可不是好玩的!"

"哦。"

思嘉先泡了一杯可可(Coco),捧在手中上了二樓,她聽到母親翻開梳妝櫃找首飾的聲音,好奇地進到母親的臥室,想看看她今天穿的是哪件旗袍。

果然,不出所料,母親穿的是那件剛做好的白綠素花輕紗旗袍,她和母親一起在布店裡精挑細選的,母親在店員攤開布料時,眼睛一亮,脫口讚歎:"真漂亮,台灣現在染的顏色有上海當年的水準了,也做得出這種極品輕紗絲織品!"

"太太,這不是絲織品,這是現在最新、最流行的尼龍紗,不會皺的!"店員滿臉是笑。

"妳幫我找找,我的翡翠耳環放在哪兒了?"母親從鏡子裡看見站在門口的思嘉。

"是不是花蓮大理石做的那對?妳上次說顏色太濁,脫下來,放在皮包裡了。"

母親馬上找出白色的小皮包,果然找到了那對耳環,笑吟吟地看著鏡子戴上:"還是妳有記性,妳來得正好。"

思嘉想對她母親再說些什麼,然而,發現母親並沒有注視她,而是專心地搽著口紅,端詳鏡子裡的自己。

她細啜著捧在手中的熱可可,這濃香純郁的可可,總是讓她放鬆而忘卻抱怨,正如她早熟的自由,雖有那麼一絲苦味,但苦得剛好，比任何飲料都對她胃口。她才不想喝大眾口味，滿嘴氣泡的"黑松汽水"呢！

門外傳來汽車間歇的喇叭聲，那是父親坐在轎車裡告訴母親，他已經到門口了。母親立即扣上旗袍領上最後一顆箍脖的釦子，拎起放在腳邊地板上的白色高跟鞋，迅速再照一下鏡子，滿意地站起來，匆匆地說："老安在家，他會做妳的晚飯。"

"哦。"

思嘉回到自己的房間，喝完了那杯可可，聽到車門俐落地關上，然後發動引擎開走，她突然想起了那又甜又酸的包心菜正在等著她。

果然，老安把甜酸包心菜已放好在飯桌上，還有一盤豆乾肉片和虱目魚湯，菜還熱呼呼地冒著白煙。

"老郭來就好了，他最愛吃虱目魚湯。"

"妳心地善良，還會想到他，不錯，他馬上就到了。"

才剛說完，老郭那獨一無二自行車尖銳的煞車聲就響在門口，撕開寂靜，"吱"的一聲怪叫。

"一聽說有魚湯吃，命都不顧衝下山來！"老安自言自語，挺著腰板，兩臂在腰間把褲子提了提，這是他習慣性的動作，似乎他的左右還配著搶，然後邁開有節奏的步伐，去開門了。

只見老郭遠遠走在老安前面進了飯廳，不請自坐，還拉了一張凳子，把乾瘦的右腳翹上，十足"下里巴人"："我不客氣了，幾天沒吃肉了！"

思嘉馬上說："老郭好，快吃！"

老郭不客氣地先用勺子在湯裡撈出一塊魚肉，往嘴裡放："老安的菜越做越好，可惜就是沒放辣椒！"

他是湖南人，無辣不歡的。

老安不慌不忙，腰板挺直地坐在他對面，替自己和思嘉都盛了一碗湯："魚湯對腦子好，要多喝。"

"謝謝。"

老郭能和老安這樣平起平坐，在二十多年前幾乎是不可能的事。老安是老郭的上司，黃埔軍校畢業的上校，而老郭只是他部隊的一名小兵。然而，1949年同從廣西兵敗，撿回一命，流落越南富國島，直到1953年移居台灣。軍階解除後，當年的尊與卑只是一個喝了孟婆湯後上輩子的模糊記憶了！

老郭喝完魚湯，扒了滿滿一口飯，又夾了一塊肉塞進嘴裡，喉頭響著"咕"的一聲，吞進去了，愉快地問："有酒嗎？"

安先生指指餐桌旁櫥櫃裡放的幾瓶洋酒："有是有，但這些只能看，不能碰，都是十幾年的老洋酒了。"

"有高粱嗎，廚房做菜的也可以。"

老安到廚房，倒了半杯給他："酒傷肝，尤其是白酒，別喝太多啊。"

"喝酒解悶呀！一個人，煩！老安，這星期天陪我去相親！"

"又要相親了？上個月不是才去相過？"

"唉，上個月的沒成，又有人介紹一個。"

"在哪兒？"

"附近鄉下，你也順便找一個吧。"

"別把我扯進去，我家鄉還有太太、孩子等著團圓。"

"哪年才團得了圓啊！我在湖南還不是有老婆小孩，到台灣都十幾年了，什麼時候回家鄉啊。妻子說不定都改嫁了，我是不想再繼續這樣孤零零地過下去！"

老安沒再勸，他能說什麼？"你找我去陪你相親，可以，但是別替我相親。"

"好吧，你就做我參謀，給給意見。"

老安摸摸著白色上衣口袋，那裡放著他、妻子和一男一女兩個孩子的全家照，那張發黃的黑白老照片，每天每夜都這麼貼著他，貼著晝夜不停跳動的心臟，是他從內戰時就沒有離過身的。褪色的相片中，二十多歲的一對夫妻儷人，緣分只是一張薄薄的照片，她漂亮的黑眸只能靜靜地穿越幾十年的歲月，看著他，就像現在他看著她一樣。

老安有明顯的雙眼皮，凹陷的大眼睛，高挺的鼻梁，線條柔順的長臉，像西域民族，而"安"姓也似乎透露了祖宗的秘密。古代，有一批由西來的安國居民，尋找樂土，以國為姓，定居在中國西南，這喜歡音樂、重情感的族人和回教徒的馬姓、白姓，都在山水甲天下的桂林一帶落了根。

他收拾空盤殘杯，端到廚房，堆在水槽裡，沒有像往常那樣立即打開水喉，他低下頭，見四下無人，快快地抹乾了眼角的淚水，把口袋的相片再拿出來，輕輕地放在嘴唇上，溫柔地吻，又迅速地放回口袋。

回到飯廳，見老郭對思嘉說：「想聽故事嗎？」

老郭有酒喝，一高興就喜歡說《三國演義》《封神榜》《水滸傳》一類古典英雄故事，因為他在從軍前的私塾老師就把歷史和故事混在一起「說古」，來吸引鄉下學子。

「好啊！」思嘉喜歡聽他聲色俱厲、手舞足蹈的精采說書，她就是這樣知道這些小說的，那比學校的歷史課可精采多了！

老郭站起來，稜角分明的黑臉，精瘦結實的身段，配上一頭粗硬衝天的黑髮，誇張的舉手投足，很有鄉下戲台上演員瀟灑粗獷的架式：「忠臣比干勸諫紂王，反被妲己讒言所害，紂王一怒之下，挖了比干的心，比干只好騎馬逃出京城，狂奔幾十里，口乾舌燥，停到水邊喝水，見一老婦正在河邊洗菜，那菜蔥綠葉茂，於是好奇問道：『敢問您這是什麼菜？』老婦立即答道：『此乃空心菜也。』比干一驚，立刻摸胸，發現心已挖去，大叫一聲，墜馬而亡！」

老安知道老郭已半醉了，他醉時，總愛講他的這段「丟了心」的故事。

3

日影西斜，那鳳凰頂著紅冠在春末火紅的暮陽下浴火重生；挺著脊梁，被一群諂媚的蝴蝶包圍。

"我敢說，在這樹下唸妳們生平的第一首詩，將會是妳們未來回首少年癲狂時最美妙的回憶。"

朱老師的話總是有那麼一種別人沒有的煽動魅力，那是出自什麼，她們說不明白，或許是因為那就是詩人的語言，就像蝶戀花那般自然。

他瞇起眼睛，似乎怕自己的眼神會透露真情，嚇跑這最後願意和他一起做夢寫詩的三個稀有學生。他正在讀小芬從擠得滿滿的書包中，小心翼翼地掏出來迫不及待遞給他的"生平的第一首詩"。

月

你的眼睛裡，

有一輪月，

八月十五的，

照著黑夜，

在窗口下，

抬頭找尋

你的我。

小芬的頭皮發麻，眼角偷偷不時瞄一瞄朱老師，思嘉不禁詫異，直率的小芬今天是怎麼了？

朱老師默默唸詩時的短短一分鐘，對小芬恍如一世紀，她的手直冒冷汗，如果朱老師再沒反應，她恐怕就要休克了。

好在朱老師及時開了口："我很喜歡這首詩，第一首就能這樣，真不容易！"

小芬一下子忸怩謙虛得不像平時滿不在乎的她，搓著裙子的一角：「老師，我……我……還要努力……老……老師過獎了。」

輪到莉莉了，莉莉面無表情地遞給朱老師一首詩，還附上一張小小的抽象油畫。小芬和思嘉不免懷疑，莉莉在做不完的功課下，哪來的多餘時間做亂塗亂畫的這等瀟灑勾當？

朱老師看了又看，久久沒說話，小芬和思嘉心裡發毛，替莉莉擔心，不是她的作品讓朱老師看得不知所云、太難捧場，就是好得讓朱老師看不懂！

但莉莉卻早已不在乎地踮著貓腳，繞著鳳凰木，撲蝴蝶去了。

朱老師突然大吼一聲，把小芬和思嘉嚇得跳了起來，差點拔腿就逃，只聽見朱老師興奮地笑道：「我真不敢相信，高中生能有這般悟性！這就是『印象詩』！」大有孔子當年「傳吾道非顏回也」的興奮。

小芬和思嘉馬上睜大眼睛，好奇地伸長脖子看莉莉是怎麼寫的，只見第一段：

　　水，
　　變形蟲的狡猾，
　　把光慢慢吞噬……

下面就越唸越迷糊！

思嘉馬上和小芬對望一眼，她倆的眼神一致：「什麼玩意兒？莫非他們都是神經病！」

思嘉正困惑時，朱老師攻其不備地問："思嘉呢？"

思嘉事先想了一大堆藉口，比如"忘了帶"、"試了，但還不滿意"等等，沒想到，朱老師這次是張大了眼睛盯著她的，她一慌張，竟說了實話："我……我不會寫詩……不……不敢唸！"

朱老師鐵錚錚的雷公電眼，馬上又瞇起來，柔聲地說："我知道妳能寫，我對妳有信心，寫詩其實就是心靈最忠實的語言，凡是將感覺沒有做作地直接表達出來的就是好詩。妳把寫的唸給我聽聽。"

說完，靜靜地等思嘉唸，可思嘉愣了半天，腦子就是一片空白。

朱老師大概明白她根本沒寫："往周遭用好奇心看看，妳發現了什麼不平凡的事？好奇心就是寫作的靈感！"

思嘉只好往四周看，漲紅了臉，慚愧地說："我……我沒看到什麼特別的……"

"再看看！比如這天空，這……"

"我……我……看到了很多蝴蝶……"

"對啊！蝴蝶！"他的手在肥胖的大腿上用力一拍，嚇得思嘉差點跳起來。

"妳就寫蝴蝶啊！別怕，妳寫得一定跟小芬、莉莉一樣好。"

思嘉想："我寫什麼啊，我真寫不出像莉莉的胡說八道和小芬像那屋頂上常在半夜擾她清夢，對月怪叫的貓！"

朱好像看透了她的心思，馬上表演魔術，伸長五指，掏寶似的掏那放在身邊的公事包："看，我就知道妳會發現什麼，我為妳要寫的詩帶來了好東西。"

只見他變出一張唱片，得意地宣佈："梁山伯與祝英台。"

"我的天，又是黃梅調！"小芬和思嘉對望一眼，心照不宣：最近香港電影李翰祥導演的"梁山伯與祝英台"中黃梅調插曲風靡全台，從電台紅到大街小巷，連學校都逃不過，動不動，身邊就響起同學引吭高歌："你不見母鵝對你微微笑，他笑你梁兄真像呆頭鵝⋯⋯"

"這跟最近流行的黃梅調沒關係，這是中國大陸音樂家陳鋼和何占豪寫的《梁祝小提琴協奏曲》。"朱老師低聲道。

小芬和思嘉又立即對望了一眼，因為中國大陸的任何"宣傳"都是禁止的，都會惹上"匪諜"的罪名，其結果不是坐牢就是槍斃！她們坐著遠遠面對的操場牆上就漆著"保密防諜，人人有責"的紅色大字。

"妳一定會喜歡聽的，我下次就等著讀妳的詩了，好嗎？"

思嘉只好接過唱片，點點頭。

莉莉倒是很輕鬆："週末到我家來，我們一起聽吧，我在印尼聽過這演奏，太棒了，百聽不厭！老師，你也來一塊兒聽吧。"

"噢，我怕那天忘了帶，妳就先拿去吧。"思嘉順水推舟，馬上塞到莉莉手上。

"我不想上這課了！"思嘉陪小芬走在回家的路上，久久不語，終於鼓起勇氣對小芬坦白。

"為什麼？"小芬用滿是失望、驚訝、責怪的口吻問道。

"我實在寫不出朱老師要的怪詩，他……他腦子不知道正不正常！"思嘉乾脆直截了當。

"妳再不上，這課就只有我和莉莉了，那麼我爸是絕對不許我上了！"

"妳上妳的，我上我的，我不上和妳爸有什麼關係？"

"哎，妳還不明白啊，我交什麼朋友他們都要管，只要他們看不順眼的來找我，他們就有種種藉口拒於門外，什麼'不在家'、'忙著家事'、'睡了'等等，妳是例外，妳一來，我爸媽就高興得合不攏嘴。"

"奇怪，為什麼？"

"他們說，像妳這種家庭背景的人才是我該交的對象，跟妳在一起，我絕對壞不了。"

"這跟上不上朱老師的課有什麼關係？"

"我可以說週末和妳一起唸書啊，這點我保證，他們不會反對。"

"但……我實在寫不出詩啊，妳很讓我為難耶！"

"實話實說吧，我星期天不能老在家困著，妳得幫我！"

"為什麼？"

"赴約會啊！"

"和誰呀？"

"我爸的學生，我管他叫'呆頭鵝'，他就和梁山伯一樣又老實又可愛！"小芬一說到她那隻"呆頭鵝"臉上緋紅。

"妳爸知道嗎？"

"當然不知道，知道了不打死我，我若告訴爸爸，我和妳在一起唸書、聽音樂，我才溜得出來啊。"

"哎呀，那我不成了共謀罪犯。"

"妳不是我最好的朋友嗎？"小芬一急，動了氣，杏眼瞪得像銅鈴，把書往地上一扔，手扠著腰，站著等思嘉怎麼答覆。

思嘉從沒見她急成個母夜叉，笑彎了腰，撿起小芬的書包妥協了："好了，好了，寫詩大不了不過是把字東拼西湊，還難不倒我。"

小芬的父親是軍校文官，一家住在眷村，在武星如雲的家長當中，他很為自己獨樹一幟的書香門第驕傲。他的家庭陰盛陽衰，清一色四個女兒，也許是一夫當關的重要，使他對家中訪客一律嚴加過濾。拜訪求教他的男學生中，要老實可靠、品學兼優的，方准登堂入室！來訪女兒的同學中，也未能倖免，正如小芬說的，十有八九是碰了軟釘子，然而思嘉卻奇蹟地例外，思嘉優越的家庭背景，訓練出她大方得宜的談吐，她的甜美、含蓄，在小芬父親的要塞中無往不利。

而每當思嘉拜訪小芬時，小芬父親便可以放心地只顧埋頭苦寫，絕不豎耳偷聽。

他年輕時的志向是做魯迅那樣"橫眉冷對千夫指，俯首甘為孺子牛"敢於搖旗吶喊的作家，然而不幸地，他加入的東北軍，在張學良西安事變後，重被整編，來台後，以他這樣非嫡系的背景，能在軍校執教已是奇蹟。現在，他腳踏實地在報章雜誌上寫連載言情小說，這不但不會觸動政治的敏感神經，而且還可以在微薄的俸祿之外穩定地賺取外快。他已五十多歲了，該知天命了，身經百戰，回首不過是"是非成敗轉頭空，青山依舊在，幾度夕陽紅"，只有生命連綿持續最實在，所以他只希望女兒們能安定地成長，過上該過的太平日子，享受他沒機會享受的正常人生，完成他沒機會完成的夢想。

小芬的母親出自樸實的東北農村，雖已四十多，仍然害羞得像個閨女，百分之百的夫唱婦隨，每每紅著臉和思嘉打了招呼後，便鑽進廚房。

然而，思嘉卻莫名其妙地喜歡他們的簡樸。隔霧看花，使一向不做家務的她，心甘情願地和小芬圍著飯桌，擠在小小的客廳裡，耐心地學小芬母親熟練地用美援麵粉搓出漂亮的麵團，和幾個女孩一起擀麵皮、包餃子，快樂幸福地抹白一臉一身的麵粉。

4

回家一進院子，就看到老郭的破自行車停在前院，果然老郭的湖南嗓門喧賓奪主從屋裡傳來："不行，不行，我看不上！"

思嘉知道今天父母一定又去赴宴了，否則老郭不敢這樣大呼小叫。自從父親提升為加工出口區的金融主管，便忙於和外商斡旋，他不但要和這些外商關係良好，確保他們願意長久投資，還要摸清對方的實力是否名不虛傳。否則，借款有去無回，會讓他惹上"有損國庫"的重罪的。

"我覺得這叫什麼來的，還蠻漂亮的啊！"老安不急不緩地答道。

"叫阿賢，太黑了。"老郭提高了嗓門。

"別太挑剔吧，漂亮的女人早嫁了。"

"唉，我湖南的太太是個美人胎，沒她漂亮的我哪娶得下啊！"

"我看阿賢的性格溫柔，是老實人，娶來會是個好老婆，你這也看不上，那也看不上，我可不願陪你每個月相親一次！"

他們一看思嘉回來了，馬上戛然住了口，這反而使思嘉為自己無意間的闖入不好意思。

"啊，思嘉回來了，老安不陪我相親，妳陪我，好嗎？"老郭倒很大方。

"好啊，什麼時候？"

"準備好了告訴妳。"

"別把思嘉拖進去，她功課忙得很！"老安馬上有意見了。

"沒問題，再忙也要幫老郭早點成家。"

"你看，還是思嘉體貼！"

"這是因為思嘉從不忍心對任何人說'不'的菩薩心腸。"

這兩個"老"男人似乎都在為爭取思嘉的親情"爭風吃醋"。

思嘉的確把老安和老郭都看成她自己的家人，她記得當她表姑三年前第一次把他們帶到家裡時，對她父親說："這是老譚的部下，現在老譚走了，最不放心的就是他的兄弟。他們都是可靠的軍人，保家衛國卻落到如今家破人亡的地步，你和安琪忙，就讓他們照顧孩子吧，他們會忠心耿耿的。"

表姑的丈夫"老譚"，一個桂系白將軍的貼身侍衛長官，在白將軍來台遭軟禁後，和部下一起解甲失業，當年抗日勇將，叱咤風雲，為國出生入死，怎奈落到離鄉背井，無處棲身，於是鬱悶不平，終致患上肝癌離世。

老郭喜歡自由自在，在思嘉家待了幾天，就寧可住回他山裡退伍軍人聚居的違章建築，但他仍不時下山，照顧思嘉和思嘉的哥哥。思嘉的哥哥上大學後，他和老安雖輕鬆許多，但彼此相依為命，還是經常見面，互解愁腸。

"唉，昨天晚上可真把我嚇死了！"老郭說。

"怎麼回事？"老安問。

"半夜上廁所，看見有人吊死在裡面！"

"又有一個老兵自殺了！"

老安語氣很平淡，生死似乎是家常，老郭說這類的悲劇已經不止一次了，思嘉聽多了，不免懷疑，老郭是否半夜喝多了酒，產生幻覺,哪有這麼多人動不動就在臭得要命的廁所自殺?

半夜,思嘉在睡夢裡被吵醒,那是隔壁房傳來的聲音,開始時還壓低著,後來卻聽到母親激動的聲音越來越大:

"你和那叫姍姍的女人是什麼關係?"

"有什麼關係,她說認識我,我可不認識她,她看錯人了,莫名其妙地過來和我打招呼,我都不知道是誰呢。"

"還撒謊,我早就注意到了,你一進飯館,這狐狸精就一直在鄰桌盯著你,我沒這麼笨!"

"哎呀,冤枉,我見的人多了,她可能是哪個外商的朋友,一起吃過飯,過來打聲招呼,也想拉拉生意。"

"有這麼拉生意的?手還親熱地搭在你肩上,不看看就坐在旁邊的太太是怎麼想的?我在這麼多外商太太面前簡直是丟盡了臉!"

"我跟妳有理說不清!"

"只要說實話就說得清了!"

"這麼晚了,妳別再無理取鬧吧,女兒聽了不好,老安聽到了也不好!"

"他們都不是外人,你怕什麼?"

"妳不怕,我怕,我沒去做什麼虧心事,吵什麼吵嘛!"

"我只是給你提個醒,你的肥差有很多人暗中覬覦,就等著你出錯,只要被抓到一點把柄,就'欲加之罪,何患無辭',你自己應該處處謹慎，提防點兒！"

也許母親說得振振有辭，又大概實在也找不出明證，何況，她也累了，背過身，暗示就此休戰。

隔壁總算安靜下來，但思嘉再也睡不著了，她記得上個月看到的一幕：

她和小芬在回家的路上，小芬比手劃腳正在講剛看完的小說，而她推著自行車，必須留意左右來往的車輛，偶爾驚鴻一瞥地透過計程車車窗，看到父親擁著不是妻子的一個女人，父親禿頭的油光，穿過輕塵撲滿的窗子，閃進思嘉的眼簾，女人的臉蛋正好躲在窗上的雲裡，蓬鬆捲曲的長髮，是她短髮高貴的母親所不屑留的。她釘在原地，腦子紊亂如眼前的車流，十部？二十部？三十部？

"思嘉，我的故事有這麼複雜嗎？妳怎麼像個呆瓜，沒反應！"直到小芬橫站到她面前，遮住她的視線，她方才如夢初醒，感到全身冰涼，亞熱帶的炙熱也穿不透那股寒氣。

思嘉父母的對話，老安也都聽到了，他並非有意竊聽，他還沒睡，他正唸完他的晚禱，朝西方頂禮膜拜。

他每天上床之前必先做完這個儀式，那會使他睡得心安。他從不公開他是個回教徒，台灣宗教自由，但天下的事誰說得準？這些年來，他看多了，今天救人的靈芝，明天可以說成殺人的毒藥。所以，他寧可把心中最後一塊淨土只留給自己，因為朝西的遠處有他最深的牽掛，那應該是個遠離世俗荒謬的聖地。

他嘆口氣。城外的人想衝進來，城裡的人想逃出去，就像他當年打的仗。

當年，廣西南寧失守，他帶著幾十名士兵，衝出城內，躲進附近深窄多歧的石灰岩洞。共軍很快追了上來，卻在岔路繁複的洞前不敢貿然深入，於是在洞窟的出口，點燃柴火，讓濃煙不停地灌充洞內，他只好帶著手下往深處躲，許多不願隨他冒險的，受不了一氧化碳的濃煙，紛紛繳械投降或持槍衝出的，卻在一出洞就大都死於亂彈。他知道，出洞十有九死，留在洞內或有一線生機，於是默默唸著經文，摸黑繼續向前，不久見到遠處一絲亮光，帶領大家，小心翼翼，終於走出洞穴，苟活下來。

他領著同隊僅餘的十幾個士兵，往南一路走進荒山野嶺，劈荊開路，翻山越嶺，逃到了越南。

一入越境，立即被法軍沒收武裝，僅留下一身破衣和一條命，和兩萬多由廣西各地撤出的敗軍，流放越南離岸七十海哩茫茫海洋中的孤島：富國島。

他和劫後餘生的士兵在富國島開始了自生自滅的放逐生活，房子靠山上的落木蓋起，食物靠海邊的椰林、果樹、和徒手捕來的魚，然而，這赤道的小島卻是如情人一般地縱容他們，他們悠閒地躺在白色乾淨的沙灘上，耳邊聽著椰林細語，而非子彈嘯鳴，臉上撫過海風輕吻，而非煙硝黑塵。但是，他們還是想念他們的妻子和孩子，這些身經百戰，未曾為自身安危恐懼流過淚的勇士，卻常在月光如情人溫柔的懷抱裡，痛哭失聲。

當地習俗大膽奔放，姑娘常赤裸地、成群地跳進海裡戲水，年輕圓挺的乳房如遍島剛成熟的木瓜，渴望有人摘取，她們婀娜的腳步常流連在這些年輕帥氣軍人所住的營區，她們毫不忸怩地希望給這些不久前才在戰場上衝鋒陷陣的豪傑夢想的溫柔鄉。然而，這些嚴守軍紀的軍人，居然叫一向視"食色，性也"的法軍跌破眼鏡，因為沒有任何逾矩的事件發生，雖然這是一群前途茫茫、舉目無妻的"敗兵"。

因為他們都像老安，記得與妻分別時相互的許諾，那原本甜如蜜的私語，十幾年下來，都成了老安拿手的"甜酸包心菜"，又甜又酸，說不出究竟是酸多，還是甜多！

5

這三合院夾在沿坡而建的村莊，前面是窄小狹長零散錯置的梯田，公路尚未開通到這群山封閉的山溝，只有一條一部車寬的泥路沿山谷盤曲而上。幸而這房子只在半山，騎自行車進了山溝，停停走走，流了一身汗，約莫半小時就到了。

思嘉、老安和老郭一早就出發了，在大太陽下已騎了兩個小時，他們目的地是這僻遠山溝裡的這間三合院，久久以來，漢人和原住民雜居於此。

今天，這兩個男人都規規矩矩地穿上西裝皮鞋，這緊身體面的打扮幾乎叫他們因缺氧而中暑。現在他們終於騎進了山溝，幸好這山坡道上密蔭如傘，讓他們鬆了一口氣。

騎在最前面的是老郭，他每天在城裡騎山路，雖不比這段陡峭，但已練出騎山路的本事。何況，今天又是他一月一度的相親日，他不能露出中年男人的衰氣，他要人知道，他仍然是個身強力壯的男人。

騎在最後氣喘如牛的是老安，一路叫停休息的也是他，他的臉色已經發白，但又不能不緊跟在後面，不時抱怨著：「再這樣陪你相親，我的老命就挨不到反攻大陸，見不到自己的老婆了！」

思嘉騎在中間，她頭上頂著大草帽，一路興致勃勃地欣賞風光。她難得有這舒緩學校壓力郊遊的機會，何況這也是她對老郭的承諾：陪他相親、出意見，雖然，她連戀愛都不知道是怎麼回事。

有人早已等在村口，翹首張望，一看到沿坡而來的三個騎著自行車的人，就遠遠招手喊著：「郭先生，郭先生⋯⋯」

他們知道已經到了，思嘉騎進一看，吃了一驚，暗叫：「怎麼是個老太婆？！」

「山路難走啊，辛苦了，辛苦了。」說的是台灣話，他們三人還都能聽懂，說上幾句。

「沒要緊，我在湖南山溝裡長大的，那裡的山比這還高大！」老郭誇張的指著天空，用台語回答。

老女人緊盯著思嘉：「這是你喳莫戈（女兒）？」

思嘉趕緊笑著說：「不是，不是！」

老太婆臉上凍結的笑容又活了：「卡水（好漂亮），金郭最（真可愛）。」接著又馬上指揮他們：「把車放在阿雄家裡，提著自行車走石階難走啊，快，阿麗已經在上面等了！」

思嘉才知道，她只是個媒婆。

他們於是手忙腳亂地把車抬到山坡腳下的一家，主人阿雄馬上笑著出來幫老郭，老郭哪裡肯，那等於是承認他不再年輕："我可以，我可以，你去幫老安吧。"

老安的確沒力氣再使了，他嘴裡立即說："謝了，謝了。"

阿雄麻利地把老安的車輕輕一提，就放進了屋裡。

三人跟著老婆婆拾級而上，老安的兩腿哆嗦得不聽使喚，他遠遠落在後面。心想，反正我又不來相親，慢慢走，用不著像老郭那樣打腫臉充胖子！

終於到了這家三合院，兩個約莫六到八歲的小孩高興地跑出來迎接，大的男孩嘴裡不停地叫："阿姆（媽），有郎客（客人）來剃頭（玩）！"這裡似乎少有訪客。

阿婆馬上告訴孩子："快去對你老母（媽媽）供（說），郭先生來了。"

兩個孩子又興奮地往回跑，一路喊著："郭先生來了，郭先生來了。"

老婆婆帶著他們進了房子。從刺眼的大太陽下跨進黑暗的正廳，瞳孔一時無法適應，眼前只烏黑一片，然而老婆婆卻似乎目光如炬，已迅速地找出幾把舊竹椅，擺在他們面前："坐，坐。"

不知過了幾分鐘，老郭和思嘉的眼睛才看清楚，在廳裡的一角，坐著一位少婦，穿得極為樸素，一身藍底白花的連衣裙，雖有些褪色，卻十分乾淨，她臉上沒什麼打扮，皮膚黑亮，體型健美，眼眉自然風流，但卻不失端莊，長得幾分像漢人，幾分像原住民。

老郭眼睛一亮，馬上向這少婦點頭打招呼，坐了下來，思嘉也立即坐了下來。

老婆婆馬上開口問老郭："你對種田行嗎？"沒客套，很直接。

"行，行，我在湖南老家種田種到二十三歲才去當兵。"

老婆婆聽了笑逐顏開，頻頻點頭，之後嚴肅地對老郭說："我們都是種田的老實人，我老老實實地幫阿麗作媒。你看，阿麗也是個實實在在的人，只是命苦，丈夫兩年前死了，年紀輕輕就一手打理這個山裡丈夫留給她的地，養活兩個小孩。她只想有個幫手，條件只要人實實在在，對她和孩子好，幫襯她照顧這個家。聽說郭先生隻身在台灣，背景簡單，阿麗找的就是能把這個家實實在在當作自己家的男人。"

"我明白，我明白……"老郭剛開口，想再說什麼，只聽到窗外兩個孩子又笑嘻嘻地喊著："客人，客人！"

思嘉暗暗吃驚："壞了，又來一個相親的！"

只見兩個孩子一邊一個，熱情地拖著客人的手，把老安拽進了屋裡。

老安站在屋子當中，一時也沒法適應室內的昏暗，像個瞎子似的任孩子擺布，思嘉忍不住噗哧笑了起來。

也聽見阿麗在黑暗裡輕輕一笑,她馬上低下頭,掩著嘴,剛剛呆若木雞的寡婦突然有了人味兒。

阿婆機靈地瞄了阿麗一眼,馬上告訴孩子:"叫叔叔。"

"叔叔,叔叔,"兩個孩子極為親切地天真喊著。

阿婆對孩子說:"快拿個凳子叫叔叔坐。"

小兒子阿燦立即找來找去,只找到一張自己坐的矮木凳,兩隻小手煞有介事地乖乖捧過來。

老安一看,禮貌地微微鞠躬,對阿燦說:"謝謝你,小朋友。"

阿婆還來不及阻止,他已立即從阿燦手裡拿過小凳,挺直了腰,放在地上,一百八十度的軍官式旋轉,一屁股坐了下來,然而,這凳子太矮、太輕,承受不住大人的體重,只聽見啪啦一聲,老安已跌在硬邦邦的水泥地上。

"啊呀!"阿婆大叫,而大家卻都笑開了,小孩笑得最開心,跑過去,左一個,右一個的拉他手,想拉他起來,雖是赤子之心,但哪裡管用。

老安也隨大家傻笑,自己半滾半爬地撐起來,嘴裡還不停地安慰孩子:"別擔心,不痛,不痛!"

大家樂了一陣,阿婆突然指著思嘉問老安:"哦,叔叔的喳莫規會(女兒幾歲)?"

她想思嘉必然就是老安的女兒了。

"這是我老闆的女兒。"老安馬上解釋。

阿婆聽他一口荒腔走板的台灣話："先生也是大陸人？"

"對，對，我們是一起跟軍隊來的。"他指指老郭，又指指自己。

"也是單身一個人？"

"對，對，一個人。"被媒婆這麼緊追著問，使老安招架不住，但看在老郭的面上，不好不答。

"要不要我也替你作媒？"阿婆煞有興趣的咄咄緊逼。

老安馬上使勁搖手："我已經有了，在大陸。"

"好多大陸人到台灣都再娶了，再娶沒關係啦！"阿婆不肯放過老安。

"我老了，你看剛剛跌那一跤，骨頭都差不多散了，拜託，拜託，枚賽（不能）結婚，枚賽結婚！"

大家又想起他剛剛的窘態，哄堂大笑。

這次相親是在輕鬆的氣氛下圓滿結束的。

6

打從老郭上山相親，兩個星期很快又過了，思嘉十幾天來，日日盼著老郭，她想告訴老郭：她覺得阿麗長得不錯，老郭不是喜歡漂亮的女人嗎？這阿麗的外表應該夠格了吧，至少在她看來，配又乾又瘦的老郭是綽綽有餘的，老郭老誇他湖南太太有多美，但他給她看過照片，照片的女人真算得上"情人眼裡出西施"。何況，阿麗還有兩個現成可愛的兒子，老郭還挑什麼？這次老郭該是可以成家了吧！

然而，這十幾天卻異常安靜，老郭一直沒出現。她想，老郭鐵定是忙著下聘求親去了，八成是這樣的，因為老郭從來就是三天兩頭來找老安的。

她很快地在這想當然耳的結論下，把心思又放回眼前自己的日子上，十七歲是個記憶短暫的年齡，因為她們腦裡有一個奇異的橡皮擦，隨時可以在記憶簿子上塗塗擦擦，當作那只是一場遊戲。

十七歲的她，這週末正期盼著一場新的遊戲，她約好了小芬一起去莉莉家聽美國進口原版唱片，聽說那從立體音響放出來的音樂和現場演奏一樣真實美妙。

莉莉的家在市區東邊新區，思嘉沒走繞道的新柏油路，而是抄熟悉的捷徑，這裡原本有一大片農田，現在都蓋起了外僑的豪華洋房，房子蓋得比道路還快，雖然在老舊單調的火柴盒建築中添加了流線型現代景觀，但那曾經是綠油油的菜地，如今已被折騰得到處坑坑洞洞，如散落的泥枯骨，硬邦邦地，沒有肉了。

眼看莉莉的家就近在咫尺，但她卻頻頻下車，吃力地推著自行車，在凹凸不平的地上小心翼翼地前進。今天，她穿了一件新衣，淡青色碎花布料，是母親做旗袍的剩布做的，顏色很適合秀雅的她，她一面推著車子，一面怕弄髒了這裁縫精心為她量身裁剪的衣服，所以走得格外辛苦。

莉莉今天也脫下了白衣黑裙白襪白鞋，學校六天一輪的魔法，把圈在校園裡的學生都變成了蒼白的蛾，只有週末這一天，魔法失靈，莉莉變回了蝴蝶真身。

她罩著一襲黃色蠟染沙龍，高瘦的身材在豔麗繽紛的色彩下驕傲地拍著寬大的翅膀。她正在房裡忙著布置，而她的父母也在一旁協助她，她們很希望這獨生女兒能找到知心的朋友，找回她該有的快樂。

"這牆好像太空了，掛什麼好？"莉莉望著客廳的一面剛粉刷好的白牆思索。

"你有這麼多畫，就掛在這兒吧。"

"可以嗎？"

"為什麼不行？你畫得很好啊！"莉莉爸爸曾經留學英國，作風開放。

他正是趁台灣大興建設、開放外資的好時機，毅然賣掉了印尼祖產的橡膠園，孤注一擲地攜家帶眷，在一年前來此定居。印尼政府一九六五年的排華政策，打著"土著人優先"的旗幟，"名正言順"地擠壓殘害這些已與印尼土地骨肉相連的華僑。他只好延續祖輩的腳步，再度渡海找尋另一片"樂土"。

莉莉近來迷上了油畫和寫詩，這嗜好雖然讓她的成績單全面染紅（不及格），但他還是二話不說地支持她，他確信，天下沒有白走的路，莉莉的詩和畫是她探險留下的腳印，她正走出一條自己的路，就如同他現在的塑膠生意，他若不是在塑膠園裡長大，若不是被逼離鄉，他怎能因禍得福地在台灣剛起步的塑膠工業上獨領風騷？

他也意識到，女兒整天沉迷於畫畫寫詩的另一個原因，那就是找不到知心的朋友，正常地發洩十七歲少女的情懷，因為女兒過去所受的教育使她和此地的同學格格不入，她其實頗有主見，知道自己需要什麼，所以當她這次主動邀請朋友時，他跟她一樣，很當回事兒來辦。

莉莉和她母親從畫室裡挑了幾張畫要她爸出意見。

"這張不錯，色彩奪目，尺寸又大，一進門就搶眼。"她爸很認真地選了又選，最後看中了一張色彩最豔麗的。

"但我喜歡那幾張小的！"莉莉也有自己的看法。

"哦，他們的確也不錯，那就上下排著集中一起來掛吧，那效果會不錯的！"

接著他們忙著找釘子，搬凳子，挪上挪下，一家人合作無間。

莉莉一高興就多話了："爸，同學都忙著考大學，我只管做我喜歡的，你說我能進大學嗎？"

"別擔心，世界上大學這麼多，總有一間適合妳的。"

"真的？"莉莉知道她父親的意思是送她留學。

"當然真的！"

"哇，真棒！"

"別忘了，我們先輩在南洋是怎麼闖過來的？妳是冒險家的後代！"

"說實在，我很同情同學每天皺緊眉頭如打了死結地死讀書。"

"是啊，這一比，妳算是幸運的。"

既然父親這麼說，那麼一年後她就可以脫離眼前的苦海了。她雖在學校朋友不多，但當同學正和時間競賽，爭相排擠，奪大學之門時，時間卻是眷顧她的最忠實朋友，她可以從容不迫地等待畢業。

這一想，莉莉果然忘了曾經告別同學時的悲傷。當時在印尼僑校，她的同學一一走了，終於輪到她感受什麼叫"離鄉背井"，那是她第一次嘗到人生的苦味兒。

畫剛掛好門鈴就響了，莉莉三步並作兩步地跑向大門。

思嘉牽著自行車，兩頰曬得通紅地站在門外，看到莉莉，知道走對了門，掏出口袋裡的手帕，抹乾頭上的汗珠，禮貌地問："車子可以放進院子裡嗎？"

"請進，隨便放。"莉莉馬上打開了朱紅色的兩扇大門。

思嘉一進門，就覺得突然闖進了一個精心設計的私人樂園，偌大的前院種滿了熱帶鮮豔的各種奇卉，還停了一部進口晶亮綠色小跑車。一入客廳，果然立即就看到客廳裡掛滿的抽象畫，家具還是整套乾淨的米色，不像她家是公家給的，勉強七湊八拼，這一家人與時並進的品味讓她大開眼界。

朱老師和小芬隨後陸續到來，小芬難掩見到她的興奮，因為她們說好了，早上聽音樂，中午和那軍校男生見面，有思嘉陪著，小芬不但可以擺出第一次約會時淑女應有的高不可攀的架子，還可以在父親向思嘉核實時，不致前言不對後語。小芬雖是一身白衣黑裙的校服溜出來的，但思嘉看得出，在她白衣下面，是一件紅色的衣服，那紅色，透過麻紗白布的薄薄掩飾，正偷偷地映在她的臉上，為她塗了淡淡的胭脂。

朱老師帶了兩本市面上買不到的《三四十年代新詩集》，裡面選出的詩都是經典之作，文學價值早已肯定，那是白話詩的雛形，尤其是卞之琳的那首《斷章》和小芬的表達手法有異曲同工之妙：

> 你站在橋上看風景，
> 看風景的人在樓上看你。
> 明月裝飾了你的窗子，
> 你裝飾了別人的夢。

然而，因為有些作者不在台灣，在大陸，被貼上"左派詩人"的標籤，市面禁止出售。

最好的白話詩幾乎都是詩人年輕時完成的。朱一直很希望他年輕的學生有機會讀讀，現在她們終於有了。莉莉是個華僑，政府對華僑總是看在投資的份上容忍三分，在莉莉家有相當奢侈的思想自由，可以暢所欲談，但是，他心裡明如夜燈，追求自由的權利卻往往很容易被政治誤解成提倡獨立思考的"異端邪說"。

他對莉莉父母一下子就有了好感。莉莉的父親高頭大馬，說著濃濃南洋腔的國語，雖然有些難懂，但誠意真切，莉莉的母親是中印混血兒,個子嬌小,有南亞美女的婀娜溫婉,和莉莉一樣,穿著豔麗的沙龍,打扮十分年輕,然而人的年齡是瞞不住的,總是從某些細節洩露。她用英語表達了好客之意,然後他們很知趣地上樓了,信任大方地讓出了整個客廳,給他們的獨生女兒學做一回主人。

唱機先播放《流浪者之歌》,朱一面聽,一面饒有趣味地觀賞莉莉在牆上的畫,這些抽象畫傳達了一股衝動,像印尼頻繁的地震,天搖地撼,迸射出的炙熱岩漿噴在畫布上,就成了她的抽象畫。

朱看著看著,總覺得十分眼熟,他自己也是個畫家,一個沒有經過學院派訓練的業餘畫家,於是,他選擇了直接而不立形象的抽象畫,正如莉莉。

"莉莉,妳的畫十分獨特,妳應該一直畫下去。"朱老師讚歎地說。

"我的畫就像我吃東西,餓了就非吃不可。"莉莉正好拿了桌上盤子裡的一塊巧克力,放進嘴裡,就這麼比喻。

"我理解,人感情的飽和有如水的漫堤,妳寫的那首詩《水》,就是妳已經感覺到了水的激流!"

莉莉被說中心事,於是吐露真言:"老師,我一直在想,我大學該念什麼?我對學校安排的課程沒興趣,成績很差,我不明白那些深奧的物理、化學和數學對我將來有什麼用?我想學畫!"

"是啊,妳應該學畫,美術也是一個深奧的領域,我相信妳會在這領域裡如魚得水。"

"可是我在學校的美術總是拿低分,因為老師要我們上課寫生,我畫得不像,又跟同學畫得很不同!"莉莉又順手拿了一塊餅,咬在嘴裡,聲音很響,流露出她心裡多麼飢渴焦慮。

"從內心畫出來的才是好畫,詩畫一體,要真璞而不做作,藝術家必須畫自己風格的畫,這點,妳做到了,不容易!"朱難得地張大眼睛,那眼神溢滿熱流,傳給莉莉,給她漏電的情緒充電。

"老師,您想看看我的畫室嗎?"冷漠的莉莉意外地向他們敞開了心門。

"當然想!"朱老師說。

莉莉帶他們三人到了客廳旁的大書房,漂亮的白瓷地磚上盡是滴滴點點散落的油彩。小芬羨慕極了,她父母絕不會讓她這麼隨心所欲,況且,她家的經濟條件也辦不到。

牆上都是抽象畫,比一人還高的畫架放在室內正中央,上面架著一張潔白待畫的大帆布,旁邊一張小桌上擺滿了大大小小牙膏狀的各色油彩,這房間讓人感到追索自我的大膽奔放,那是一個十七歲少女指揮靈魂千軍萬馬的陣地。

客廳裡的音樂不甘寂寞也帶著顏色來湊熱鬧,莉莉的線條有時細如《流浪者之歌》的小提琴慢板,委婉細膩,但那甩在帆布上零亂粗狂的黑圈,又是協奏曲中率性激盪的快板,朱老師在淒婉的音樂助力下,恍然大悟,他和莉莉的畫,都是《流浪者之歌》的音符,是鄉愁譜出的同一首樂章!那正是他寫的《思念》。

他和著音樂的節奏唸道：

> 思念，是一張郵票，
> 稱不出重量，
> 卻走得很遠，
> 很遠。

他們流連良久，才回到客廳，繼續聽另一張唱片：《梁祝小提琴協奏曲》。

小芬心不在焉地聽著，雖然那愛情淒厲的高音使她顫抖，她卻不知道為什麼，無論愛情再怎麼悲愴，她都會撲上去，正如她的約會，是豁出生命去擁抱的.而時間一點一滴地接近了，她不停地偷偷看錶。

"小芬，妳先做一句詩，說說聽後感！"音樂放完了，朱老師很想測試這三個人的機智與慧根，突襲問道。

小芬心思早已飛到了戲院，正想著和男朋友初次約會該說什麼；又，如何才能快點不著痕跡地溜出這裡，冷不防被老師問到，唯唯諾諾地應付："蝴蝶……蝴蝶啊……你……你美麗的翅膀……飛……啊……飛……"

朱老師聽得一愣一愣的，而思嘉差點把剛放進嘴裡的餅乾噴了出來。

幸好，莉莉的父親正好下樓，給大家解了圍："莉莉很榮幸有朱老師鼓勵她發揮她的興趣，而且能認識志同道合的同學。快中午了，不知是否有幸留下各位，共進午餐？"

思嘉鬆了口氣，因為，她正怕被點到作下一首詩，她不能保證不會作得比小芬更可笑。

朱老師果然把詩放一邊，欣然接受邀請，這時小芬乘機對思嘉擠眼，思嘉知道，正是離開的好時機了。

"老師，我們得回家準備明天的考試了，我們先走了。"小芬站起來，不由分說，急忙地找鞋子離開。

思嘉雖也跟著穿鞋，但還從容地說："林伯伯，朱老師，謝謝招待，我今天玩得很開心，對不起，我和小芬一樣，也必須走了。"

"唉，這學校的老師太敬業，星期天還不放過學生！"莉莉父親為她們的離去很遺憾，他看人無數，心裡有底，這兩個女孩和他的莉莉是談得來的，可以幫助莉莉盡早融入新生活。

"沒辦法，這種教育不重視孩子興趣，只教他們怎麼應付考試，像他們這樣對文學藝術有興趣的學生都給埋沒在考卷裡了！"朱老師遺憾地還想再說下去，但是小芬和思嘉已經站在門口，向大家鞠個躬，拉著自行車，假裝無可奈何，可憐兮兮地轉身走了。

走了十幾步，小芬回頭見莉莉家的大門已緊緊關上，脫離了視線，馬上在光天化日下，毫不害臊地扯開白衣的所有鈕釦，脫下，往書包一塞，大膽地露出她緊身紅衣下凹凸有致的曲線說：

"還是讓我來騎吧，妳載不動我，我比妳重多了。"小芬怕思嘉騎得太慢，耽誤了她和那軍校學生約好的下午第一場電影，還有半個多小時就要開演了！

思嘉想想，小芬有理，她比小芬瘦多了，哪載得動她。

"好吧，別騎得太快，連我摔下來都不知道！"思嘉太瞭解小芬，知道小芬已魂不守舍了。

小芬急急跨上車："廢話少說，快走！"

思嘉坐在小小的後座，側著身，緊緊地抓著自行車的坐墊。

小芬沿著新馬路往西區的市中心飛奔而去，一路險象叢生，幾次差點撞上汽車，連一向斯文矜持、從不嚷嚷亂叫的思嘉，都一路驚叫，魂飛魄散。

"妳怎麼了，赴玉皇大帝的生日宴？遲到了就進不了天宮，吃不到長生果？"到了戲院，思嘉氣急敗壞地諷刺小芬兩句，只見小芬根本沒聽進半句，她一下子就盯住了電影院前擁擠人群的一點，臉上緋紅，那不是因為在太陽下劇烈運動的結果，那是一種思嘉沒見過的羞澀嬌嗔，她順著小芬的視線尋找那一點，她看到了"八月十五的月亮"，她知道小芬已經飛進了那個月亮。

那雙眼睛在黑壓壓的人群中鎖定了小芬，他邁開大步走向她，一身天藍抖擻的軍裝，帥氣挺拔，站在她面前，如磐石穩重自信：

"很準時嘛，妳等著，我去買票，三張，對嗎？"他沒有廢話，很簡約，很利索。

"不……我不看……不必買我的票……"思嘉突然覺得她是多餘的，她不想做個無足輕重的陪襯，那被忽視的感覺，很熟悉，刺痛著她。

小芬看著她，沒說什麼，思嘉知道，在此時，她的確是多餘的，她從小芬的手上接過自行車，跨上去，很快地騎走了。

7

老安這個週末並沒有休息，雖然思嘉的父親好意地提醒他出去溜搭溜搭，看場電影或逛逛商店，意思說白了，就是叫他出去找些樂子，對自己好點兒。

然而老安實在沒這樣的興致，他養成了紀律嚴謹的生活方式，每做什麼都習慣預估結果，他對花錢買來的樂趣沒有幻想。

何況，思嘉的母親今天請牌友到家裡打麻將，他不能不隨時看她們有什麼吩咐，他總不能讓她們打累了，找太太安琪要東西吃，安琪對柴米油鹽放在哪兒都沒譜。

現在一桌四個牌友在飯廳上正打得酣，只聽到陸續出牌扔在桌面的悶響，突然安琪開心地叫道："東風，胡了！"馬上有人嘆息，有人奉承，吳儂嬌語打成一片，之後是再度洗牌，嘩啦嘩啦的清脆碰撞，傳到老安耳朵，他忍不住自言自語："女人戰場比男人戰場好聽多了！"

思嘉的爸爸下了樓，正往門口走去，一樓雖然只聽到喧鬧的洗牌，但安琪仍然馬上知道他要出門，頭也不抬，搓著牌，揚聲問道："今天還去哪兒啊？"

他即刻止步，走到安琪旁邊，在她臉上親了一下，堆起討好的笑容："去市場看看，買什麼點心招待妳的朋友。"

安琪斜眼嬌媚地掃他一眼：「那就記得大家都喜歡的桂花糕和棗泥酥餅。」

「當然不會忘！」

「沒叫老許載你？」

「不叫了，今天週末，給他陪陪老婆，孩子。」

「那快去快回啊！」

「好。」

「去多久？」

「能去多久？這城這麼小，逛逛就逛到底了。」

安琪注意到他最近突然週末喜歡獨自逛小吃店，近一年城裡竄出了許多南北各式糕點，叫人忍不住前往，為五臟廟供香，她知道他一向嘴饞，聞香不嫌遠。

她打牌確實不希望他在身邊看牌，這總是讓她手氣不順，但她也不放心，她知道不能給男人太多自由，自由會讓男人像孩子越玩越野，何況聽說，食和性的愛好是成正比的。

不知不覺已到下午兩點，這些牌友還沒喊餓，太陽正烈，老安乘機把自己衣服找出來洗洗，內外衣加起來只有四件，不到一會兒就洗完了，尤其是台灣自己生產的尼龍襯衫，又好洗，又易乾，他單調地搓著，搓著，不覺陷入沉思：短短數年間，生活品質的變化真是不可思議，但他為什麼還是覺得日子日復一日停頓不前，像重複又重複而醒不過來的一場夢。

他把衣服晾好,在後門一個不起眼的角落,悄悄探頭看看安琪有沒有什麼吩咐,但客廳非常安靜,四個女人都皺緊眉頭,似乎陷入一場膠著,這時電鈴突然響了,很短,短得不注意就錯過了,但老安聽到了,他馬上趕去開門,那大概是思嘉的爸爸回來了。

打開門一看,吃了一驚,站在他面前的是阿麗。老安馬上左右看看,這阿麗該是老郭陪著來的吧。

但卻沒看到老郭,只有阿麗一人,穿一件顯然自己裁製的大紅大綠的新衣,上衣堆滿了累贅的花飾,下裙又沒縫齊,她低著頭,眼睛看著自己一雙紅色嶄新的塑膠拖鞋。

"郭先生呢?"老安問。

阿麗還是低著頭,聲音很小,老安要仔細聽才知道她說什麼,她用台語說:"莫栽秧(不知道)。"

"不是他帶妳來的?"

"不是。"

老安更懵了:"那妳怎麼找到這裡的?"

阿麗怯怯地手裡攤開一張紙,老安一看,那是老郭寫的,他寫的是這裡的地址,老郭住違章建築,當然根本沒地址。

"噢,妳要找他?"

阿麗沒說是,也沒說不是,她繼續呆呆地低頭站著。

老安不知該不該請她進來,這時安琪在台階上的客廳叫著:"老安!"

老安不敢怠慢,馬上揚聲回答:"在這兒。"

"等一等,我馬上回來。"他吩咐阿麗。

但安琪已經走到台階上的客廳大門了:"我們餓了,你可以弄些東西來吃嗎?"隨口抱怨道:"買個糕點就去了這麼久!"

"好的,馬上。"老安指指門前的網球場,那裡的樹蔭下有凳子,他示意阿麗坐那兒等他。

但安琪已經看到阿麗了:"她是誰?"

老安不知怎麼回答,愣在原地。

"哦,一定是有人介紹來找工作的。"她想當然耳。

老安更啞口無言了。

"我很忙,請她進來,你代我好好問她,她會做什麼。"

"好的,好的。"老安立即順水推舟。

他把阿麗帶到廚房,叫阿麗站在旁邊等她,然後快手快腳地在冰箱裡找食材,又在架子上拿調料,打算炒個簡單的蔥花蛋炒飯。

阿麗反倒一聲不響地走過來,自動地幫他洗蔥、打蛋,臉上的靦腆一掃而光,在老安左右幫忙,動作熟練自信,往鍋裡放這放那。

很快地,一盤香噴噴顏色乾淨的蛋炒飯就裝進大盤裡了,老安盛了一碗給阿麗，阿麗眼睛發亮地接過來，很快就吃光了，老安捧著燙手的盤子，端到飯廳，放在牌桌旁的小茶几上。

"好香。"安琪忍不住放下牌，過來嚐了一口，嘴裡發出滿意的"嗯，嗯！"

"真好吃！"她再舀了一匙，放進嘴裡。

牌友一聽，肚子馬上餓得發慌，毫不客氣，都搶著碗去添飯。

老安這時才有空回到廚房，這頓飯的合作讓兩人似乎說起話來不再尷尬。

"我帶妳去找老郭。"

阿麗搖搖頭，把頭又低了下來，但這次聲音很清晰："我是來找你的！"

老安聽了一驚："找我，為什麼？"他想必定是老郭做了什麼錯事，難怪他兩星期都不敢來找他！

"他⋯⋯他⋯⋯對不起你？"

"不是。"

"那就好，妳找我做什麼？"

"我⋯⋯我⋯⋯"阿麗兩頰一下子赤紅。

看來她很難開口，但還是鼓起勇氣含蓄地說了："你⋯⋯你⋯⋯願意照顧⋯⋯我的孩子嗎？他們⋯⋯他們很喜歡你！"

這下老安明白了，他像被子彈打中了腦袋，直挺挺地僵著，只有那眨巴眨巴的眼睛還表示他活著。

他第一個想到的是："友人之妻不可欺，這是老郭的女人啊。"

阿麗很聰明，她對老安的反應很失望，但是，她是個沒有禮教束縛的女人，她敢於追求她的幸福，安排自己的命運。

她繼續努力，雖然她的國語並不流利，但並不含糊："我有地，有房子，我們在一起，你就是我家裡的主人，你有地，有房子，還有兩個兒子。"

這意思再清楚不過，老安只能默默歎氣："是的，妳說得對，我只要跨出這一步，答應妳，我馬上就有了一個正常的家，做一個正常的男人，有了夢寐以求的根，不再流浪，但是，萬一我有機會回家鄉，我不能對不起兩個女人啊，我知道我妻子正苦苦地等著我，我們都在阿拉面前發過誓的。"

他知道他不能再讓阿麗絕望，他尊重她的選擇，他很明白一個沒有男人的女人是如何的不容易，阿麗的處境和他留在遠方的太太有什麼不同？

他声音暗哑而溫柔地對阿麗說："老郭是個好男人，他比我年輕好幾歲，身體又好，又會種田，他也很喜歡妳的孩子，妳的孩子一定也會喜歡他，真的，我敢對天發誓，他是個好男人，好丈夫。"

阿麗一聽，明白了，輕輕地抽泣起來。

老安最見不得女人的眼淚，他這下慌了，不知該說什麼。

想了一會，還是沒轍，但是阿麗總不能老待在這兒不走啊。他終於決定，等思嘉爸一回來，他就把她先帶到老郭那兒。看來今晚她是回不去那沒有公車到達的山溝了。他看得出，她不是個水性楊花的女人，難道她是徒步走出山溝，費了九牛二虎之力才摸到這裡，為的只是親口大膽地向他表白？啊，這女人不簡單啊！阿麗，我也喜歡你這樣多情而有主見的女人，但是，我們沒緣啊！

他們倆呆站在廚房裡，各有心思地低著頭，不知在等什麼。

思嘉突然進來，一見到阿麗，天真地笑了起來："啊，新娘在這兒，新郎呢？"

她親切地過來拉著阿麗的手。

"思嘉，妳回來了，太好了，我要帶阿麗去找老郭，妳爸回來就告訴他，我去山上了。"

"好啊，我也要去！"思嘉快樂地說，好像那又是一次愉快的郊遊。

"思嘉，我本來應該在家照顧客人的，現在我要送阿麗去老郭那兒，妳可不可以幫我個忙，留在家裡，看妳媽需要什麼？"

"哦，那好吧！"思嘉沒多加探究，馬上樂意地答應了。

老安帶著阿麗走出廚房，想起什麼又回來對思嘉說："先別向任何人提起相親的事。"

"哦……好。"思嘉雖然覺得奇怪，但沒多問。

老安兩腳跨穩自行車，緊緊地扶好龍頭，叫阿麗坐在後座，阿麗踮著腳，斜著身體挪了幾次才坐上去，後座不大，她那厚實的屁股只能坐進一半，有隨時一歪就跌下來的危險，但老安沒敢叫阿麗抱著他的腰，他很怕任何肌膚的接觸會讓阿麗引起誤會，而且，他不瞭解山溝裡的習俗如何界定男女關係的底線，但他還是好意地提醒阿麗："抓好，別跌下來！"

他沒有說抓住什麼，阿麗澀澀地抓著椅墊下的支架，老安騎了一兩步，龍頭無法控制，車子扭得厲害，阿麗哇哇大叫，沒多想，右手自然就一把抱住老安的腰，老安的腰反射性地顫抖了一下，阿麗突然聞到一股久別但熟悉的男人汗腺味兒。這時，她不再猶豫，兩手圍過去，把老安抱緊了。

老安沉默地讓她抱著，他知道只有這樣他才能順利的帶著她。

老安握緊龍頭，騎得很慢，他連小孩都沒載過，何況是個健壯的女人。

他低著頭，有節奏地踩著踏板，漸漸地，車滑得順了，然而阿麗的手卻圍得更緊了。

過了石橋，進入鬧區，沿著最熱鬧的街道直往海濱走去，這路終極是碼頭，老郭的鐵皮屋就在海灣前的小山裡。

這座山是軍事要地，居高臨下俯瞰港灣進出的船隻，所以不開放給民舍，山上據說遍布要塞，駐滿軍隊，居民散步也只能在山腳下，再走下去立即會遇到禁區守衛，請你折回。

老郭就住在一上山的第一個拐彎旁的斜坡地，這裡樹木茂密，土質結實，一條小澗送下山間豐盛的積雨，高高低低迎勢而搭起來的破房子一間間相依湊合地立著。

政府因看這群遊民都是一貧如洗的退伍軍人，既然這座山是留給軍人的，也就睜一隻眼，閉一隻眼讓他們暫時住了下來了。

老安騎到山下，跳下車，阿麗也跳下來，這坡有些陡，老安不可能載著阿麗騎上去。

老安推著車上山，阿麗走在他旁邊，不知道內幕的人會以為他們是一對找隱秘躲起來談戀愛的情人。

老安到了違章建築腳下，往山坡大聲喊："老郭，老郭。"

一隻土黃狗汪汪汪地跑出來，看到老安，停住了，搖著尾巴，親熱地撲向他，老安摸摸狗頭，一面說："老郭呢？"黃狗通人性，往回跑去找人了，鑽進一間屋裡，汪汪叫了幾聲，馬上見到老郭穿一條破短褲，腳下踢踏踢踏地一雙破木屐，無精打采地從破門板露出頭來。

他一看是老安，已有幾分驚訝，又見身邊站著阿麗，震驚得結結巴巴："你……你們……來了……"下句就不知該說什麼，因為，他不願讓阿麗進他屋裡，看到他的家徒四壁。

老安對呆立在身後的阿麗說："妳站這兒等我，我上去跟他說兩句就回來。"

他走到老郭身邊，進了屋，那黃狗使勁地搖著鬆鬆的尾毛，在他身邊繞著。

老郭低聲問老安："你怎麼帶她來我這見不得人的地方！"

"先別說這，等會兒再跟你解釋，你這兩個星期怎麼人影也不見？"

"哎，心煩啊！"

"阿麗不是頂好的，你到底打算怎麼樣？"

"老安，你不明白……"

"我又得教訓你了，唉，我要是你，我就毫不猶疑地下聘了！"

"你說得容易，我拿什麼下聘？"

"就為這？那容易，我會二話不說把所有家當都拿出來幫你成全這事。老郭，阿麗是個內外都不錯的好女人，你還遲疑什麼？"

"老安，你看不出？她喜歡的不是我！"

"你胡說什麼，我只問你，你要她不要，要的話，我這老哥會幫你好好跟她說去。"

老郭低頭不語，好久才說："我還沒決定……"

老安知道老郭有隱情和顧慮，他只好說："這種事不能勉強，這樣吧，天已晚了，阿麗今晚得找個地方休息，你這裡行嗎？不行的話，我找間旅館給她住一晚。"

"不要花錢了，我倆都是沒錢的窮人，花不起旅館費，何況，把阿麗一個人放在旅館也不妥，住我這兒吧，我地方雖破，還是有床有被，可以湊合一晚的，我今晚搬到鄰房擠擠。"

老安周圍看看，這地方雖然簡陋，卻還是個軍人的房間，有條不紊，被子疊得像個大豆腐乾，床墊平整乾淨。

"老郭，我知道你是個正人君子，但柳下惠畢竟難做，你要是對不起阿麗，動了她一根汗毛，我會對你不客氣的。除非兩情相悅，即便那樣，你就一定要對她負責，知道了嗎？還有，你得保證她在此的安全。"

老安板著臉，嚴肅地提醒老郭。

老郭一聽，臉都氣黑了："老安，你應該明白，我們到了台灣，什麼都沒有了，但絕對有一個，那就是人格，你放心吧。"

"我當然知道，但我不得不說，別放在心上！還有，求親這事是你起的頭，你明天一路送她回家，我這是軍令，不得已，得罪了！"他從口袋掏出幾張百元破鈔，塞到老郭的枕頭下："坐公車吧，大熱天，騎車帶著阿麗有夠遠的！"

8

思嘉心神不寧，這堂課是"公民課"，內容其實就是《三民主義》，一星期只有兩堂，薄薄的一本書，老師翻來覆去地解釋開宗明義："主義就是一種思想，一種信仰，和一種力量。"學生聽都聽爛了，開始時，學生還認真地要老師闡釋其中哲理，但得到的答案，更是"有聽沒有懂"，學生明白了，反正考起試來，照書死背，一字不差答卷，準錯不了。所以，這反而是最輕鬆的課，而且，老師是個五十多歲的老學究，深度近視眼加老花眼，根本看不到哪個學生長什麼樣，現在，他正在搖頭晃腦的一字一字唸著《民族主義》中的"人口政策"："法國因為人口少,獎勵生育,如果一個人生三子,有大獎,生四、五個,更有大獎⋯⋯"

思嘉前後左右一看,同學一個個不住地點頭,倒不是因為老師說得叫學生心服口服,而是,這是難得的一堂"睡覺課",初夏午後的微風從鳳凰樹梢送到教室,溫柔得叫人放心地做夢,連樹上的鳥都靜悄悄地打盹,而老師的鼻子已經貼近了書本,完全看不見近在咫尺,七倒八歪,被他催了眠的學生。

然而,小芬卻睜著大眼,正在偷看小說,她起先是偷偷地放在桌子下,不時偷看老師一眼,到最後,她乾脆拿到桌面上,放心地看。

思嘉丟張紙條給就坐在她斜後座的小芬:"什麼書啊?看得這麼入迷?"。

小芬馬上丟回一張:"魯迅的《阿Q正傳》,從爸爸箱底裡抽出來的,他藏了好多禁書,以為神不知鬼不覺!"

"他發現就完蛋了!"

"我看完立即放回去,他才不會發現呢。"

"給教官捉到更可怕,妳已經被記過一次,再一次就沒救了!"

"朝聞道,夕死可矣。不騙妳,這些禁書真不賴,不知禁什麼?"

"總有禁的道理,何苦冒險犯禁。"

"你這就叫'阿Q精神'!"

"什麼阿狗阿貓精神，我是好意勸妳！"

"別吵我，再丟來，拒絕看！"

思嘉知道小芬不會聽她的，小芬是個死心眼，認定了就勇往直衝。她勸也是白勸，何況，她今天下了課，自己也打算來一次"冒險犯禁"，雖然，她不是個像小芬那樣顧前不顧後的人，但是，一想到下了課即將做偵探，她就心跳加速。

今天，她將跟蹤他父親，把父親和那長髮女人之間的關係弄個水落石出。

事先，她謹慎地篩選一個個方案。最後，她決定，最不驚動的是向司機老許打聽，因為他父親決不可能用公家車去私會女人。

"老許，我打算這星期去拜訪一位老師，他病了，已經請假了一個月了，病得不輕，我和三個同學約好去看他，但她們都沒自行車，不知道你哪天正好下午有空，帶我們去，可以嗎？"她硬著頭皮，裝出一臉悲戚，編個故事套老許的話，因為她父親不喜歡家人公車私用。

"啊，大小姐，這車是隨時待命的，我都說不準哪天有空呢。"

"你只要送我們到醫院就好，從學校到醫院十五分鐘，我們自己回家。那醫院離加工區又近，絕不耽誤你！"

老許想想，這些小孩尊師重道，難能可貴，動了慈悲："我只能答應妳用半小時。"

"嗯，放心，不會超過半小時的。"

"哦，那問題不大，這樣吧，星期二下午，你爸爸下了班要見一位客人，他吩咐我，只要送他去，不必等他，他可以自己坐計程車回家，我可以先送他，再接妳們。"

思嘉心中暗喜，沒想到線索得來全不費功夫，但又必須裝得很遺憾："哎呀，太可惜了，星期二我要補習，七點才放學！其他日子都不行嗎？"

"對不起，只有星期二。"

"沒辦法了，但，還是非常謝謝你。"

"哪裡，哪裡。"

星期二！就是星期二，父親去見那"狐狸精"！十有八九錯不了！鬼才相信他的"坐計程車自己回家"，她親眼目睹那是怎麼回事！

下課是五點，她父親五點半下班，再晚，她就會錯過了父親的行蹤，她必須飛快趕去。

她偷偷地躲在加工區門口不遠的一棵樹後，這裡沒人會注意她，她假裝在樹下乘涼。加工區要證件才進得了，所以只有一道閘門，她只管守株待兔。

等了又等，先是一批工人和一群西裝筆挺的人，或徒步，或騎車，陸續出來，接著是幾部淺色轎車。六十年代的台灣，大多數人根本買不起私人轎車，只有主管、官員和少數外僑是"汽車階級"，因此，從閘口出來的汽車稀疏可數。終於，一部她熟悉的黑汽車慢吞吞地開出來，她趕快閃到樹後。

等到這車從樹前開過了大約一百公尺，她立刻跳上自行車跟在後面。

車開得很慢，這城市曾經是個閒散的城市，人們的步伐還是不改一貫的閒散，慢悠悠地走著，慢悠悠地騎著，慢悠悠地開著車，只要思嘉保持安全距離，輕輕鬆鬆在後面盯緊，那車是逃不出她的視線的。

車子進入市區，停在一家報關行前，思嘉馬上遠遠地停住，躲進騎樓下偷窺，見父親下了車，似乎和小許再叮囑什麼，關上門，車很快地開走了，父親立即走進了報關行。

思嘉機靈地轉到報關行對面的騎樓下，那裡正好是一家小診所，來往的人不多，她站在走道邊的柱子後面，假裝在等人，卻看緊那報關行的入口，對街只十步之隔，看得更清楚。

十分，二十分，三十分鐘過去了，那門怎麼沒動靜，難道她看錯了入口？難道父親真的是商量要事？

想到可能誤會了父親，她心虛自責，緊繃的神經卻鬆開了，這時天色已暗，眼睛盯梢良久，在暮色中有些模糊，她揉揉眼睛，打算結束這場可笑的偵探遊戲。

離開前，她再看一眼對街，突然，一個女人有著她熟悉的長髮，正在騎樓下，站在報關行前晃了兩下，然後扭著腰身，單獨地往前大步走著。思嘉再度心跳如打鼓，睜大眼睛看著那背影，又同時盯緊對面報關行的大門，果然，她的父親馬上從那裡走出來，先站在騎樓下，左右警覺地一掃，然後大步跟緊那女人。那女人走了一個街口，停下來，叫了一部計程車，很快鑽進去，停在路邊，只見父親加快腳步，趕上那計程車，眼睛機靈地又左右一掃，似乎確定街上沒有熟人，迅速地也進了車，車立即開走，消失在黑夜，只留下目瞪口呆，腦子一團亂麻的思嘉。

接著思嘉有一股難以抑制的怒氣填胸："妳是誰，敢破壞我的家庭！敢欺負我的母親！我一定要找出妳到底是誰！"

她衝動地拉著自行車，跑過馬路，甩下車子，用力推開那報關行的大門。

開門的響聲異常突兀，把裡面坐在椅子上打著算盤的男士嚇得跳了起來，驚愕地抬起頭，眼鏡掉下一半，掛在一隻耳上。

"那個剛從這裡走出去的女人是誰？"思嘉壓不住怒火，聲音尖銳地興師問罪。

"哪……哪……個……女人？"那人不知道這是怎麼回事，結結巴巴。

"長頭髮的那個！"

"我們這裡沒有長頭髮的女人啊！"這人現在看仔細了，來人只不過是個高中生，還穿著制服！他把眼鏡重新掛好："妳這女孩子在這裡鬧什麼？"他提高聲音反撲："這裡的職員都是男的，都下班了，妳找錯地方了。"

思嘉一聽更生氣了，認定這人故意隱瞞包庇："我明明看見她從這裡剛剛離開，穿著一件粉紅色洋裝，頭髮長長的，很年輕！"

那男人想了想，恍然大悟："哦，妳說的女人大概是樓上住的那個小姐啦，她是從我們門口旁邊的樓梯進出的。"

這一說把思嘉愣住了，她不知道該向這剛剛被她嚇得半死的男人道歉還是道謝。

"妳找她做什麼？"這男人倒先和氣關心地問。

"我……我……我……想打聽……她……她……是不是……我要……要找的……那個親戚。"思嘉馬上心虛地自圓其說。

這男人很驚訝這女孩前一分鐘還是隻"母老虎"，下一分鐘卻縮成隻"小貓"，他在商場上見人無數，知道思嘉理虧，沒說實話，這女孩和那舞廳的風塵女子之間一定有糾葛，但他老練的社會經驗提醒他，這種閒事管得越少越好，於是不著痕跡地順著思嘉客氣地問：

"她要半夜才回家，她在舞廳上班，妳明天早一點再來吧，要不要我先告訴她？"

"不用了……謝謝……我……我……明天……自己……上樓……找她……"思嘉匆匆道了謝離開，眼淚在走上街道的那刻奔流而出。她從沒這麼委屈，羞愧自己的失態，她鄙視那勾引他人之夫的"狐狸精"，她憤怒父親借公事之名來欺騙她的母親！

回到家，老安已經在門口翹首張望，見一個熟悉的黑影搖搖晃晃，有氣無力地穿過草坪，不敢確定是思嘉，等人騎到眼前，才舒口氣："天都黑了，我馬上把菜熱好！"

"謝謝，你吃過了吧？"

"我不餓，等著妳回來一起吃。"

思嘉估計母親一定在家，卻故意說："爸媽又出去了？"

"妳媽在家休息著呢，說身體不舒服，叫我們不要吵醒她。"

"我也不舒服，想睡一會，你就先一個人吃吧！"

"哪兒不舒服？有沒有發燒？"老安一聽，急了，沒多想，很自然地伸出左手摸著自己的額頭，右手摸著思嘉的額頭，發現兩手的溫度差不多："還好，沒發燒。"

思嘉突然覺得有些虛脫："我沒事，只是太累，想躺一會兒再起來做功課。"

"吃了再睡吧，空著肚子不好。"

"我很累，別擔心，睡一會兒就好。"她的腦裡老浮現父親和那"狐狸精"一同坐車離開的那一幕，那一幕從她站的那一點，延伸到遠處街道的盡頭，是一個黑色隧道，那隧道正把父親帶到她無法到達的地方，她害怕，她害怕她的家就此失去了她的父親。

老安沒勉強她，只是自言自語地說："家裡的人是怎麼了？都突然不吃飯了，只想睡覺。"

她拖著沉重的步子吃力地上了二樓，她真的病了。經過母親的房間，在門口遲疑了一會兒，她不知道是否應該進去請安，她很快地打消了這個念頭，萬一她不小心透露出一點風聲，那會要了母親的命。母親生活的目的就是守住這個家，丈夫是她唯一的依靠，她的父母都在上海，上海是個消失在過去的海市蜃樓，是個比夢更到不了的地方,她是孤身一人隨她丈夫在一九四九年退居天涯海角的。她以為愛可以用犧牲換來永恆,孰知,那只是"春花秋月",凋得快,撈不著。

思嘉回到自己房間,癱軟在床上,她知道她病得不輕,這是心靈上的病,她懊悔她揭穿了這個家庭的隱秘,瘋子大概就是這樣毀滅了自己的。

她希望一覺睡醒後,世界一切如常,但她翻來覆去,無法如願睡去,今天的那一幕,謀殺了她純真的十七歲,純真往往在發現人生的真相時告終。

她胸口發悶,必須找一個出口宣洩,否則,她會在這突發的洪水裡淹沒窒息!

她拿起筆來,寫下了她的第一首詩:

> 人生是風,
> 還是雲?
> 是稍縱即逝的錯覺,
> 還是硬給我的習題?
> 我索盡枯腸,
> 誠實回答,
> 雖然似是而非,
> 但得做完這道難題。
> 也許及格,
> 也許全錯。
> 但要的,

可能，只是，

只是，一張認真答完了的卷子。

她很快就寫完了，如巫師占卜，異靈附身，寫下了天機，渾渾沌沌地墜入新夢，一覺睡到天亮。

她夢見五彩的蝴蝶漫天飛舞，小芬重複著她那首不成詩的詩：「蝴蝶啊，蝴蝶，美麗的翅膀，飛啊飛……」

第二天，大夢初覺，她睜開眼，嚇一大跳，看到自己在一夜之間，被雪白厚厚的被褥密不透風地纏著，一節又一節，只露出個頭來，活像一條肥軟吐絲的蝶蛹！

9

教室外，一個黑影舉手齊眉地遮擋玻璃上的反光，貼在窗口上東瞧西探。教室裡的學生正在考大代數，埋頭苦思出其不意的考題，誰也沒注意來了個意外訪客，直到這奇怪的影子在窗前來來回回的晃了幾趟，學生才抬頭匆匆地看了一眼，很快地又低頭繼續與考題搏鬥，因為來人似乎和他們無關。

但小芬瞄一眼就認出這是她父親，那瘦尖的頭顱，均勻爽利的身材，沒穿軍服，雖然只有一個模糊的輪廓，但這是她爸錯不了，她恨不得有孫悟空變蒼蠅的法術，逃之夭夭。

她心裡嘀咕，父親為什麼又跑來學校了？莫非她和他學生的事給他察覺了，向思嘉興師盤問？這不太可能，她自己非常謹慎。不然，就是偷看禁書的事？那更不可能了，那罪名足可造成"勒令退學"，這豈不是"大義滅親"？總之，他真不該在這時來，不但打擾了她重要的考試，還讓她"名譽掃地"。

思嘉也看出是小芬的爸，她往後看了一眼，看到小芬把考卷朝窗子的方向舉得高高的，把臉完全擋住了，她不禁在心裡說："這不是不打自招嗎？妳瞧瞧，妳爸已經發現妳了！現在正盯著妳看呢！"

下了課，同學趁十五分鐘的休息，都各自企圖釋放考試的壓力，紛紛離開教室，小芬也乘機躲在人潮中溜之大吉，但還是一出教室就被她父親逮住："閨女，考得好嗎？"

小芬只好硬著頭皮站住："啊呀，是爸啊，幹嘛來學校了？"

"不來行嗎，妳被記了一次過，我得親自為妳的事把關，還監督妳學習。"

"我乖咧！我的成績都在九十分以上！"

"嘴貧又嘴硬，什麼時候變得這樣了？學校說妳對課外堂比上正課還認真！"

這話把小芬說得一下子漏了氣，像是犯了見不得人的罪，久久才有力無氣地申辯："他們胡說，怎麼可能？"

"我問過校方了，課外堂是不給成績的，那不是浪費時間嗎？"

"成績和未來有直接關係嗎？孔夫子上學時的成績是什麼！"

小芬的父親想想，還是該給這倔強的女兒留點面子。拉她到一邊，好聲好氣地說："又胡扯了，我不是叫妳做個書呆子，但正課還是正課，不能本末倒置。你喜歡文學，但這碼事兒不是現在的正事兒，等考上大學再說，妳考不上公立大學，我就很難供妳上昂貴的私立了。妳想創作，我不反對，但不是現在，懂嗎？"

這緊箍咒的大學考試，真靈，果然把小芬的頑性壓了下去："什麼都答應您，就是拜託不要再到學校來，好嗎？"

小芬的父親這時才滿意了，疼惜地安慰她，使出千萬父母的軟功夫殺手鐧："爸是為妳好，妳有一天會明白的。"

放了學，思嘉、小芬，和莉莉在鳳凰樹下等了許久，沒見朱老師的蹤影，這很不尋常，朱老師是從不缺席的，小芬獨自思量，這肯定是她父親和校方說了什麼？然而，朱老師的課只不過是鼓勵他們尋找自我，彼此知心地分享內心世界，他並沒有耽誤她的時間，不給功課就是出於體諒他們的學業，為什麼這反而成了她父親抱怨的罪狀？

她們一直等了半個小時，知道今天朱老師不會再來了，只好離去。

小芬和思嘉一同出了校門，兩人都各懷心事，沉默不語，還是小芬先開了口："思嘉，我想了又想，決定不考大學了。"

"怎麼了？"

"我想考三年制專科。"

"妳成績這麼好，應該考得上好大學，上專科不是太可惜了？"

"別以為每個人都得進了大學才有前途，專科其實對求職更實際。"

"可是,妳爸爸是要妳上大學的啊!"

"你不明白,他要的是我將來有個好工作,可以減輕他經濟上的負擔,我是大女兒,有責任幫助三個妹妹!"

"我想他對妳的期待不僅僅是經濟上吧,妳誤會他了。"

"我沒誤會他……只是,我想快點兩全其美。"

"我還是不明白,妳急什麼?"

"唉,其實我也是為了那……那個空軍。"

"我糊塗了,怎麼又是為了他?是他叫妳不要唸大學?你別愛昏了頭。"

"妳沒戀愛妳不懂,這是我自己的決定,我……我想早點兒……嫁給他。"

"沒見過像妳這樣性急的新娘……"思嘉笑著打趣。

小芬打斷她,喑啞憂傷地繼續說:"他是個飛行員,妳知道這意味著什麼?"小芬指著學校的南邊。

思嘉知道,她指的是他們都沒見過的傳說中廟裡的墓,她沒想到小芬是如此認真而專情,於是安慰她:"又不是每個飛行員都是這結果,別胡思亂想了。"

"我沒胡思亂想,他班上的同學在飛行訓練時已經出事了兩個,萬一,下一個是他……我不願萬一失去了他而後悔沒給他留個……後代。"

"別自己嚇自己……"

"思嘉,如果我是妳就好了,我父母就會尊重我的決定,成全我。"

"我……我只希望快點進大學,遠走高飛……"

....

思嘉按了電鈴,立即聽到老安拖著木屐卡噠卡噠一路從樓梯跑來開門,今天這聲音聽來不太尋常,既響又急,不知為什麼讓她聯想到《流浪者之歌》那激動的跳弓。門很快地打開了,老安的表情果然不像平時那軍人獨有的不動聲色,代之以眉頭緊鎖,客廳的燈光通亮,平時家裡不太用正廳,正廳的門雖對著大門,但家人一向走旁門,那寬敞的客廳是一個燈塔似的座標:只有在不尋常的時候才會通火照明。

果然,母親坐在沙發上,正在抹淚,思嘉一驚,不好了,父親的事一定讓母親知道了!他們大概攤了牌……他們打算離婚?……她該不該告訴母親她早已知道父親的背叛?……她不敢往下再想,心怦怦直跳,不安地進了客廳。

她坐在母親旁邊,老安坐在她們對面,顯然,母親已經告訴了老安,老安一定一直在勸她。母親哭了一陣,思嘉和老安都沉默體諒地陪著她,只等她發洩個夠。過了好一會兒,母親似乎哭夠了,用紗帕抹乾了眼淚,紅著眼,對思嘉抱怨:"妳爸太不小心了,客戶拉他上舞廳談生意,他怎能就這麼順了人家,那地方哪是正經的地方?那些商人一向有泡舞女的習慣,他陪人家去,不是跳進黃河也洗不清嗎?我早提醒他要潔身自保,這下好了,有人拿這事刻意誣陷扭曲,他今天收到通知,被調職台北!妳看,表面上褒賞他對加工區的貢獻,事實是降了職,台北官多人多,什麼好事會輪到他?他還可能做一方小主兒,吃香喝辣嗎?這個笨蛋!"

思嘉聽得驚一陣,喜一陣,如東邊太陽西邊雨,哭笑不得,不知該怎麼安慰她母親,她要扮演哪個角色才能讓她母親高興起來呢?她低頭苦思冥想不得其果。

其實,她還是慶幸的成分多,她慶幸她母親並沒有發現父親背叛的真相,而這調職卻在不幸中卻幸運地挽救了這個家,她父親看來必須和那女人一刀兩段,撇清關係!想到這兒,她竟然不自覺地輕輕笑了。

"還笑,妳開心了?"母親眼尖,雖哭得眼腫鼻紅,思嘉的一舉一動還是無法逃脫她的掌握。

"沒……沒有……我只是想……如果考上台北的大學……就可以住在家裡了……多美啊……"

"唉,妳啊,就只想到自己,哪懂得大人的辛苦!"

這下思嘉笑得更不遮遮掩掩了,一想到父親以為自己對妻子編了一個天衣無縫的謊言可以瞞天過海,她就忍不住大笑。

"還笑呢,我告訴妳,我們正擔心,我們下個月搬走後,妳這高中的最後一年住哪兒?"

這一說,思嘉果真立即止住了笑,她不想轉學,那意味著被迫做一個"吉普賽人",何況,馬上就要考大學了,她不想任何干擾影響了她聯考的成績，因為，她已迫不及待地想走自己的路。

"妳看看，果然知道妳爸做了什麼好事吧！笑不出來了！"母親破涕而笑地調侃思嘉。

"我……我想唸完再搬，可以嗎？"

"妳啊，運氣好，妳爸已經和公司說好了，這個房子要等到妳考完大學才交回，所以，我們搬去台北以後，就由老安在這裡照顧你了。"

"好啊，老安也可以和我們住台北了。"她拊掌笑道。

"以後的事誰說得準？台北的家絕不可能像這裡這麼大。"母親馬上澆了一盆冷水。

思嘉迅速地看了老安一眼，她知道這話對老安有多傷，果然，老安臉色蒼白。

"我要老安和我們一起住，我最喜歡吃他的甜酸包心菜了。"她馬上故意這麼說。

"再說吧，妳上了大學就不是小孩了，別再說孩子話。"

"老安，你和我們住，就這麼決定了。"她耍賴地看著她母親，斬釘截鐵地說。

悲哀的老安假裝領了她的情："妳以後還要留學、結婚，我怎能永遠在妳身邊做甜酸包心菜啊！"

說完，他匆匆地回廚房了，他不願她們看到一個老兵眼角的淚光。

10

初夏的鳳凰木已是一株燃燒正旺的火焰樹，綠葉知趣地躲了起來，圍繞的蝴蝶，在熱烘烘的火焰裡飄浮，是一簇簇灰飛的白煙。然而，樹下空蕩蕩地，本該在鋪滿紅色落焰凳上追夢的人，去了哪兒？

學校不知有意還是無意地沒有交代朱老師的缺席，對校方來說，四個人在一起，只能叫聚會，不能叫一堂課。

朱老師的缺席，對小芬格外難受。因為，她不知道，是不是他的父親對學校施加了壓力，她知道父親的動機是出於保護女兒的前途。但是，你們是否知道，在人人只顧衝向大學的山頂時，駐足瀏覽沿路的花草是少女成長時必要的喘息？

她又想，朱老師也許病了，他孤身來到這個城市，流浪人在生病時會格外想家，他給了她們友誼，現在，他若病了，她們應該用這珍貴的友誼來安慰他。

她想去廟裡探訪究竟，但這個念頭使她顫慄，她不明白為什麼朱老師要與墓為鄰，住在像蒲松齡筆下鬼魂狐妖出沒的破廟。但是，那墓是個空軍將士的英魂歸屬地，如果她能面對它，那就證明，她可以無懼無悔地做一位勇敢的空軍夫人。

"思嘉，我們一起去廟裡看朱老師，他可能病了。"她試探思嘉的意願。

果真思嘉一聽就遲疑了："妳敢去那地方？"

"朱老師敢住那兒,就可見哪有什麼妖精鬼怪?"

"別說沒有,我家老郭說過,他們湘西就有趕屍,他還說,他親眼偷窺過狐仙,美得不得了,妳知道狐仙是怎麼修煉成精的?那是每當月圓時,站在墳頭上,對月呼嚎!"

"子不語怪力亂神,自己沒見到就別隨便相信!"思嘉說得小芬手臂起了疙瘩。

"妳什麼時候也拿孔老夫子做盾牌了?"思嘉笑道,她沒想到小芬自從談起戀愛就變得越來越"儒雅"了,她確實沒空:"我是跟妳鬧著玩兒的,我不是不肯陪妳,我爸媽這星期就要去台北了,我答應母親早點回家幫她收拾行李,或許找莉莉陪妳一塊兒去吧!"

"好吧,只有找她了,莉莉應該不會反對,她是個華僑,她根本不信這一套,她只講科學求證。"

"莉莉不會知道那個廟的鬼扯傳聞,有時候,我懷疑,那是否有人刻意造謠,因為這樣一來,這個廟就沒人敢拆,就不會開發改建,那個墓自然就保留下來了,這造謠的肯定是空軍那裝神弄鬼的可憐寡婦。"

"欸,思嘉,妳很聰明啊,我怎麼沒想到這點?這騙術太高明了!"

"可不是嗎,我最近才領悟出《紅樓夢》的那句'假做真時真亦假'的含意。"

思嘉對自己的推敲很得意,如今經濟掛帥,到處拆舊蓋新,要保留一塊先人的墓地,就得靠智慧了。

小芬若有所悟,恐懼感頓然消失一半:"我們早該還朱老師唱片了,那是他冒著險和我們一起分享的!"

次日,小芬和莉莉放了學,沒有隨擁擠的人潮走大路,而是一出校門就繞到了旁邊的小巷。

這時日已西斜,只夠三、四人並肩而行的窄巷,兩旁的高牆擋住了日落的餘暉,使得這巷子異常陰暗,雖然是初夏,但一進巷子卻有一股從巷底廟前吹來的寒風。

小芬走走停停,小心謹慎地眼觀八方。落日偶爾從較為低矮靠西的牆頭露臉,這時,她的身邊東牆上,突然並行了兩個高大細長的影子,把她嚇了一跳,然而,她馬上明白了,那是她和莉莉印在牆上被落日拉長的影子。

巷子奇怪地安靜,只有她們倆在長長的巷道裡走,除了那往前越來越多的蝴蝶。

莉莉好奇地東張西望,在都市裡,總有一些引她遐想的角落,她在印尼時,就最喜歡發掘被人遺忘而驚豔的古跡,現在,她興奮地覺得自己又走入了一個不屬於現代的美麗過去。那個廟,漸漸地露出了輪廓,青磚紅瓦,屋簷下典型民俗五彩雕花,雖然那顏色已經斑駁脫落,但那特殊圖案和風格讓她目不暇接。

終於,她們到了巷底,那廟門的入口就隱秘在這裡。

扇門不大,一左一右畫了兩個瞪目瞪眼的門神,那畫面雖已模糊不清，但還可以看出畫家流暢的線條和嘔心虔誠的奉獻。

門上的鎖已經壞了，只要輕輕一推，那門就發出蒼老的聲音，邀她們跨入。

一條石板路一直通到廟堂，沿路種滿了修竹。她們躡手躡腳地進入，廟堂十分肅靜，日影的最後光束，斜斜地透過五角雕花窗，在石板地上默默挪步，寒氣漸漸升起，沒有點燈，只有壇上點燃的蠟燭。隱約看到神壇上坐著兩個穿著黃袍的高大男子，面目似曾相識，不知在哪見過？再看牌位，寫的是太上老君和元始天尊，這兩個仙人，不管她們走到哪兒，都一路眼睛跟隨著。

她們穿過正廳，深入廟裡的靜室，那是道士修煉的宅舍。她們輕輕地叫著："朱老師"，然而，只聽到宅前一片茂竹沙沙沉吟。

她們看到一隻淺色熟悉的蝴蝶，很像就是那隻帶著朱老師來到他們教室的蝴蝶，她們緊跟著牠進入一間房間。

房間不大，卻很潔淨，裡面的擺設極為簡單，一個木桌靠著窗口，窗口正對著後院，靠牆有一張床，白色的床單平整如一張等待上色的畫布。

蝴蝶飛到桌上，停了下來，她們湊近一看，桌上放了一張書面大小寫好的宣紙，上面寫著："青春讚詩"，四個大字的下面是用小字寫上小芬、莉莉和思嘉的名字，字體狂放不拘，顯然這是她們三人未來詩集的書面，那字似乎剛剛落款，水跡尚在悄悄擴大，硯台的墨汁未乾，架在上面的毛筆依然濃濕。

那隻蝴蝶突然飛起,從窗口飛了出去。

莉莉和小芬立即追著蝴蝶到了後院,寬廣的後院清楚地見到突起的一個土包,那墓上青草萋萋,半圓的弧度整齊地被裁出一張美麗精緻的剪影,墓前的碑上,最上端並排寫著"愛夫"、"長兄",之下是"空官,朱盛華",那名字和朱老師只差一個字!

漫天的白蝴蝶在她們頭上飛舞,似乎一下子從墓裡飛了出來,然而並不可怕,像無數的白花飄蕩又隨風起落。她們伸出手來,一隻大蝴蝶,停在小芬的手心,翅膀一開一合,是絹秀的詩冊,小芬不禁遐想:"這是朱老師變的嗎?"

11

"妳看過這麼多白蝴蝶嗎?"她興奮地問莉莉。

"嗯,很棒!顏色是黃的。"莉莉看到的蝴蝶竟是不同的顏色!她們看到的是不同的蝴蝶?莫非源於院子最後的一束餘光正好籠罩著她所給出的幻覺?有些現象只有自己才能心領神會,是無法向旁人說清楚的。

她們等了一會兒,仍未見到朱老師,只好把唱片和詩集端端正正地放在他的桌上,退出了廟。小芬腦裡不停地跳出斷斷續續的詩句,就像剛才滿院的蝴蝶,一片又一片的詩頁翻滾飛浮著,想去捕捉編串,卻又細碎難懂,那是一首一首的"印象詩篇"!

她們分手後,小芬腦子又盡是白蝴蝶,她沒見過這麼皎潔的蝴蝶,翅膀上沒有一絲斑點,而身體發出燐火燦光,那是什麼蝴蝶？那難道是從她幻想中飛出來的？透過她靈魂欲望的眼睛而看到的？如同透過菱鏡的折射，看到真正陽光的綺幻真相？

她比往常遲了一個多小時才回到家。

遠遠看見家裡的燈全亮了，有些異樣，家裡平時為了開源節流，盡量省電，只有父親的書房最亮，那是父親埋頭寫稿，以時間與體力交換外快的地方。一個傳統的中國文人，用他懂得的唯一清廉方式，老老實實地賺取外快。

但是今天，連客廳都亮了，裡面卻沉默得聽不到妹妹們熟悉的笑聲，似乎大家正等著她，她心一緊，胡亂地按了電鈴。

大妹來開門，低著頭，只瞄她一眼就一溜煙地鑽回屋裡，通風報信去了：等的人終於回來囉！

她不屑地想，遲回一點兒又怎麼啦，大驚小怪！然而，她一推門進去，就立即看到父親坐在客廳的長竹椅上，緊繃著一張怒氣沖沖的臉，腦門血管凸起如吸血蟲抽搐蠕動，手裡抓著一札亂七八糟拆開的信紙信封，小芬嚇了一大跳，她馬上知道一場家庭風暴即將來臨：父親讀過了他的學生偷偷遞給她的情書！她尷尬得滿臉通紅，這些信，她都小心地特意藏在內衣褲的櫃子裡，怎麼也被他翻出來了？

她想找母親求救，但母親早已不知躲到哪兒去了。

小芬發慌僵硬地站在她父親面前，掙扎著試圖給父親一個合理的解釋時，父親已一把扯碎了信，朝她臉上擲來，那信散在半空，紛紛在她眼前飛舞，如同今天她看到的蝴蝶，只是，這些蝴蝶很快地墜落，躺在地下，動也不動，像死去了。

"去哪兒了，到現在才回來！交男朋友了，膽子變大了，不想回家了？"一連串的質問讓小芬沒法回答。

"想不到被我最信任的兩個人騙了！"父親激動地站起來，一個快步，走到釘在原地上，被羞愧淹沒的小芬面前，舉起手，正想重重地給女兒一個耳光，這時，只聽到如玻璃碎裂的尖叫："不可以！"

那是她一向唯命是從的母親本能護女的反應，原來她一直放心不下地躲在門後。

倔強的小芬眼淚突然如洪水衝破防堤，還是母親疼她。

她大膽地說："我和他是認真的，我沒騙誰！"

"認真？妳忘了前途，妳忘了我們對妳的期望，妳還要上大學的！"

她聽厭了父親動不動就用大學來威脅她，何況她早已另有打算，她頑強地反抗："我已經十七歲了，難道一點隱私、自由都不能有？爸爸，你偷看我的信，侵犯了我的權利！"

"妳對我說什麼權利，妳在我屋簷下活一天，我就有管妳的權利！"爸爸啞著聲音吼道，勞累痛心地在維護他為這一家所做犧牲應有的權利與尊敬。

"小芬，別鬧了，答應我們別再和他來往，妳爸是疼妳。"母親怯怯地走過來，夾在當中勸。

"疼我？他從來不知道我精神上要什麼！"

一向文縐縐的父親居然用鼻子哼著說："這是妳那課外老

師教妳的？精神，精神，精神管個屁用，能活下來，再談精神吧，否則什麼也沒有，妳不知道世道艱苦，妳和妳自己的爸爸抱怨他不懂什麼是精神？"

她母親知道這父女倆都是東北醬缸脾氣，越浸越酸，誰都不會讓步，她只有硬把女兒拖回房間。

小芬回房，坐在床上，抱著她母親大哭："我不要念大學了，我念完三年專科，找個工作養爸媽，這樣還不成嗎？我要嫁給他啊！"

母親疼惜地摟著她這任性的大女兒，就像她小時候每在她懷裡大哭那樣："閨女，妳和妳爸都有理，我知道妳的苦，我也是十八歲就嫁給了妳爸，我懂得當一個女人喜歡上一個男人是不顧一切的⋯⋯"

小芬抬起淚汪汪的眼睛，驚訝地看著她母親，因為母親一向害羞地迴避她與父親的往事。

她母親不得不把她自己的故事告訴女兒。因為，她女兒有權知道他父親生氣的理由："我出身大家，而妳父親是個在大學畢業後就投筆從戎、東征西討的軍人，還比我大很多，但我只看中他，誰也不肯嫁，我父親怕我吃苦，白做個活寡婦，本不答應我嫁給他，直到妳父親向他保證，他一定會出人頭地，給我一個穩定富足的家，可是，命運卻使他辦不到啊。"

"我也可以像妳一樣吃苦啊。"小芬說。

"我知道妳和我一樣，並不在乎吃苦。但，他這就對我父親食言了，他心有內疚，一直想彌補，妳想想，我們離鄉背井到異鄉,土地財產都丟得一乾二淨了,能安身已不容易,怎麼可能還富足?妳爸就只有盡他的力了,妳看看他,才五十出頭,已經被生活折磨得滿頭白髮、滿臉皺紋。他希望妳成功,其實就是希望他沒能給我的,能給妳!懂嗎?傻閨女!"

小芬聽著,聽著,淚早乾了,她沒有經歷過那個時代的苦難,她怎麼會懂?這些故事,對一個在台灣出生長大的新一代,只是四九年後台灣的很多悲情小說裡重複的再一椿故事。

小芬的父親憋一肚子氣回到書房,趕完了報社每天要的稿,上床時已經早過了該睡的時間,翻來覆去睡不著,他知道現在至少已是凌晨二時了。

他的生活作息十分規律,那是十幾年來的習慣,如今時局穩定,生活雖不富足,但不再因戰爭而飄流不定。所以,他每天活得像工廠的齒輪,運轉有節,重複著,一輪又一輪。他早上六點起床,先慢跑五哩,然後才回家吃早飯,開始一天的工作。他不得不珍惜他的健康,至少十年後他才能放下一家之主的擔子,固定的晨運給了他足夠的精力和結實的身體,他不服老,至少,他在家人和學生面前,要向他們保證他還是個戰士。

他懊悔對女兒的責罵,雖然他完全是為了她好,幸好,那巴掌沒打下去,他一輩子沒動粗打過親人,唉,他竟會失去理智到這種不可理喻的地步。

他怎麼才能讓女兒明白他的苦心呢?她怎麼就不明白,她幸運地生在這樣的年代,有著以前聰明女性所渴望而得不到的大好舞台,何況,她才十七歲啊,她的人生才剛剛開展,她怎能就這麼嫁人,被平凡的主婦生活扼殺了千載難逢的好時機,追求更大的成就。

他最後迷迷糊糊地睡著了，鬧鐘準時地在六點叫醒他，他眼睛實在張不開，但還是勉強地歪著身子，瞇著眼，移下床來。

外面已露出曙光，鳥兒也歡唱著迎接清晨，空氣特別新鮮，初夏稻田旁和風宜人，東方升起了溫馨的召喚，提示他美好新生命、新希望、新人生、新一天的到來。他告訴自己，一切都等到我跑完這五哩再說吧，這五哩跑下來，我的思路活了，也許我能知道如何勸我的閨女回頭是岸。

他一面跑，一面心如亂麻地思考，路在他眼前延伸著一層露水剛蒸發的薄霧，使得落地的腳步有些不踏實，像是跑在雲端裡。葉間透過的晨光，刺痛他充血疲乏的雙眼，他告訴自己，今天的太陽怎麼異常炫亮？跑著，跑著，一哩了，兩哩了，三哩了，他默默地算著，希望快點跑完，白光昏眩地從四面八方閃了過來，他暗自埋怨，今年的初夏怎麼特別熱，熱得心慌胸悶，他該休息一會兒再跑，突然，他眼前一黑，站不穩，跌在地上，一切，都在此刻永久地停了！

12

思嘉這次來到小芬家的心情和以前迥然不同，她是來探望剛喪父的小芬，這是她第一次接觸死亡。

十七歲的她，死亡只是街頭上不相干的喧嘩場景：十幾個黑衣樂手敲鑼打鼓，吹著不成調的哀樂，後面跟著一批粗麻白衣看不見表情的家屬。那靈車上逝者的照片幾乎都是耆者衰容，屬於祖父母輩的人物。她的祖輩都在中國大陸，音信杳渺，她甚至都不知道他們長什麼樣，父母敘述他們的故事也像是部未完成的小說，結尾待續，生死未卜，死亡自她出生就這樣與她巧妙地保持了距離。

然而，小芬父親的死讓她驚悟：死亡其實可以隨時發生在你身邊，那感覺使舌苔也死去了，連可可都喝起來味如嚼蠟，這就是死亡的滋味。

現在，小芬家全是女性，小芬的母親並沒有終日以淚洗面，她沒有時間留給自己悲哀，她必須學著撐起這個家。

小芬的父親在黃道吉日安葬，穿一套嶄新筆挺的軍服，格外追封的高階勳章別在胸前，輓聯無一不表彰他的豐功偉業，這是他一生中最風光的時刻，雖然，他並不想這麼早就受這種殊榮。

小芬頭上別著一朵白色的絨花，像一隻白蝴蝶，院子裡道士們唸著咒語，不時往東北撒著白紙，那是中國北方的習俗，引導靈魂飛越千山萬水，回到家鄉故里。

"是我害死他的。"小芬喃喃自語。

"別這麼說，妳母親聽了不好受，妳父親也不要妳這麼想……"思嘉老氣橫秋地學大人的口吻，因為，她實在不知道怎麼安慰小芬，她沒有安慰死者家屬的經驗。"是我害死了他，如果……如果那天我準時回家，他就不會發現那疊信……如果……如果我答應他的要求，他就不會氣得腦充血……如果……如果……"

但是"如果"總是一個過去式。

"過去是沒法改變的……往前看吧……妳有什麼打算？"思嘉只好說實話。

小芬依順地點頭："他一走，我反而更明白他的苦心……我突然想通了，不想太早就結婚，像我母親，一輩子走不出家庭……我會上大學，好好念書，報答他……"

"他在天上一定知道妳的孝心……"

她們又陷入各自對未來的彷徨，沉默了好一會兒，思嘉說："這樣吧，你們可以和我先住，我父母去台北了，家裡房間多出來，你也可以安心準備聯考。"

"謝謝妳，不用了，軍校給了我們這棟房子，還有撫卹金和捐款，我們還過得去。"

小芬突然明白沒有父親並非只是家裡不見了一個人，思嘉雖也見不到她父親，但他還會回來，而她父親永遠就此消失。她捂面淒厲地哭了，頭上的蝴蝶擺動著翅膀，似乎飛了起來。

的確，思嘉的生活看不出有什麼變化，老安依然做他幾十年固定的禱告儀式，只是現在他是在大廳裡做。那裡，他從一片大窗看得到西方無盡藍天，他希望他的禱詞送得更遠，他的沐浴齋戒更合乎一個回教徒。然而，他都是在思嘉上學後做的，雖然他知道思嘉不會介意。

"老安，思嘉呢？怎麼她爸媽才走了一個星期，她就在外玩瘋了，這麼晚還不回家？"老郭現在幾乎每晚都來。

"別亂猜，她同學的父親過世，她去參加喪禮，思嘉很單純，她不懂人間的狡詐的。"

"那，今晚就只有你和我吃晚飯了？"

"是啊。"

"老安，那我們就好好喝兩杯吧，好久沒喝酒，憋得怪難受的。"

"好吧，我去倒杯高粱給你，你等著。"

"別去了，櫃子裡不是有好酒嗎，搬家沒帶走，可見沒人喝，只是擺著給人看，可惜了，我們乾脆幫他們喝了吧！"

"別動歪腦筋，你等著，我給你拿高粱來。"

"怕什麼，老安，我們都替這家奉獻不少，你說，我們的功勞抵不抵得上一瓶老酒？"

"那當然不用說，但這酒還是別動！"

老安知道老郭說得有理，何況他還嗜酒如命。他乾脆到廚房選一瓶好高粱，讓老郭喝個痛快。

然而，他找了半天，才找到一瓶尚未開瓶的濃度金門高粱，高興地捧著到飯廳，一看，酒櫃的門大開，老郭抱著一瓶"約翰走路"，大口大口地張嘴灌進肚裡："好酒就是好酒，又香又濃，痛快！"他居然也知道怎麼用那放在酒瓶旁的鑽子開了軟木瓶塞。

"啊呀，不行呀，這些酒不是給我們喝的！"他一個健步，急急地要再放回酒櫃。

"唉，老安，我已經喝了，你說不行？太晚了！老子今天就是要好好痛快一下，要喝個夠！"老郭死死地抱著酒瓶不放。

老安知道老郭的湖南尊嚴，硬漢一條，不容質問，何況酒已被他喝下了肚，再說也是白說："好吧，就這瓶，別再拿了。"他馬上把櫃子門緊緊關上。

"老安，你也來吧，我一個人喝沒意思，人生有酒……須盡歡……莫……莫……老安，下一句是什麼？"

"莫使金樽空對月。"

"我這杯敬你！"

"好了，好了，你醉了！"

"我才沒醉。"他又舉杯，瞇著半醉的眼睛："這杯，敬我在湖南的老婆。"

接著，又喝一大口："這杯嘛，就敬……就敬我……我不知道現在長得什麼樣的孩子！"

這些話觸動了老安的傷心處，他和老郭同是無家無根的"天涯淪落人"，他想起思嘉和她母親的對話：

"好啊，老安以後可以和我們也住台北了！"思嘉說。

"以後的事誰說得準？台北的家絕不可能像這裡這麼大！"

他本來以為找到了一個安身之地，至少，他把思嘉當作自己的女兒，思嘉和他女兒同齡，他把父親該給女兒的愛移情到思嘉身上,然而思嘉的媽可不這樣想。他把這家一廂情願地看成自己的家,這一片忠心值什麼?這個家有他的地位嗎?而他自己的家又還存在嗎?

他用力地扭開高粱酒的瓶蓋,舉頭一古腦地喝一大口:"好苦!"

"別喝苦酒,我們已經夠苦了,喝這酒,這甜!"老郭搶過老安手上的高粱,硬塞給他洋酒。

老安這次二話沒說,咕嚕咕嚕地仰頭灌完了一瓶。

"再來一瓶!"老郭開了酒櫃,拿出一瓶XO:"這是什麼酒?看不懂英文,瓶子不錯,一定是好酒,來,喝光吧!"

這次老安什麼也沒說,馬上熟練地抽出軟塞,身子開始站不穩了:"老郭,你要得!"斯文的他,手竟重重地打在老郭身上,乾瘦的老郭站不住,跌在地上,他乾脆坐在地上,指著老安,笑罵著:"我老早就想告訴你了,你是個王八蛋!"他真醉了。

老安雖搖搖晃晃,但還是一把就拉起了老郭:"我怎麼是個王八蛋?我對得起你,我沒對阿麗不敬!"

"你當然是王八蛋!打仗時,是你發的號令:衝啊,衝啊,你看看,我們服從了,不顧死活的衝,現在又怎麼了,衝得死的大半,活的家沒了!"

"你⋯⋯你⋯⋯罵得好!我⋯⋯我⋯⋯欠你一個家,你下次什麼時候相親,我⋯⋯我⋯⋯一定⋯⋯一定⋯⋯再⋯⋯再⋯⋯陪你去!"

"算了吧，老安，你以為只有你一個人對老婆有良心啊，我實話告訴你吧，我相親卻沒心結婚，我是個男人，我只要還有女人把我當成個男人，痴痴地看著我，就滿足了，我從來就沒真想要再婚，再說，我養得起人家嗎？……我那湖南的老婆啊，可憐，我不能負她啊！"

兩人突然都像孩子似地哭了，嘴裡模糊不清地都說著："老婆……老婆……等著我……等著我……我會……我會……回家的……"

兩人一瓶接一瓶地灌，最後爛醉在地板上，那櫃子裡珍藏幾十年的洋酒就這樣被他們喝光了！

13

小芬在廟裡見到白蝴蝶的事不知怎麼地在校園傳開了，有人說，原住民有一個說法：白蝴蝶是死亡的使者，凡是看到白蝴蝶的，家裡都會發生不幸，何況小芬還是在那學校旁神秘詭異的廟裡見到的。

現在，同學除了上體育課外，連操場也不敢隨便去了，怕是在滿天飛舞的蝴蝶中，撞見一隻白的！朱老師也被繪聲繪影成一隻蝶精！

而奇怪的是，在人心惶惶，鬼影幢幢時，朱老師不再來了。

據說學校解聘了他，也傳說他關進了綠島，但同學一致謠傳：他化為一隻蝴蝶，飛走了！

次年，小芬和思嘉都考上了不同的大學，莉莉如願去了法國，攻讀美術，小芬進了她父親期盼的學府，她頭上始終別著一隻藍蝴蝶，紀念她的嚴父。

老安搬到山上，和老郭住在一起，他婉拒了思嘉一再的隨她定居台北的懇求。

那年之後，校園的蝴蝶再也沒有這麼多了，甚至於絕了跡，誰也不敢說，是不是朱老師給帶走的。

無論如何，沒有蝴蝶的校園才像個校園，但總覺得缺少了什麼。

外篇二：从天山走来

張祖華

作者按：張祖華即前文《Bonjour, bonjour》中姑媽黃國珠留在大陸的二女兒，作者的表姐。本文係她的自傳，經其授權收入本集。

1945年正月初五那天，奶奶坐在家里念叨著，希望媽媽不要把孩子生在今天，最好是過幾天！但是命運就是和她老人家開玩笑，我這個"苦命"的孩子就是在這一天誕生了！聽媽媽說，她是為了躲避日本人的轟炸，在重慶的一個山洞里生下我的。因為戰爭，沒吃沒喝，好在我命大，終於熬過了那段艱苦的歲月，活下來了！

我的外祖父家是廣西南寧市的望族，有自家的旅店、銀行和酒樓。祖父有兩個太太，共養育了十一個子女，是個大家族。

我媽媽在家中排行第六，因為家境富有，從小就可以上學讀書，並在巴金先生的指導下，成長為一個知識淵博的作家和精通英語的翻譯家。

1948年，我父親有意把上海的出版社遷到台北，那時我舅舅在台灣銀行做經理，我母親自然樂意同往。1948年媽媽把我暫留在天津的祖母家，帶著哥哥，懷著妹妹也去了台北。那年我只有三歲，但不知這一別就是二十八年，音訊全無。我的童年只有和奶奶爺爺相依為伴。真是苦命的孩子！

後來得知，我父親在一九四九年的大年夜，不幸搭乘了中國的泰坦尼克郵輪"太平輪"而葬身海底，從此我們失去了父親，只留下初生的妹妹和每天仍在街角盼望爸爸回家的哥哥。

奶奶在淚水中和嘆息聲中把我撫養長大，她認為我就是一個苦命的孩子。我，是她的寶貝孫女，我們和爺爺一家三口相依為命。後來，從十八歲起就去山西抗擊日本侵略者的姑姑回到天津，收留了我們祖孫三人。我和姑姑的孩子們一起長大成人。

一天清早，奶奶幫我梳了兩個漂亮的小辮子，穿上天藍色白花的連衣裙，而她自己也穿上了只有年節才會穿的斜襟外衣，我們祖孫兩人興高采烈地走進了學校禮堂。在這里，我和同學們表演舞蹈《祖國的花朵》。

"大紅花啊，開滿地，小朋友拍手來遊戲……"我隨歌起舞，歡樂無比！而這時坐在台下第一排的奶奶眼里泛著淚花，滿臉的自豪和幸福！那年我五歲。

奶奶和爺爺以他們深切的愛呵護著我這個苦命的小孫女。

我們期盼著，等待著媽媽和哥哥有朝一日可以回來……

歲月如梭，很快，我要高中畢業了。

我想我繼承了媽媽的天分，對文學、外語的接受能力很強，特別是俄語，我可以輕而易舉地背下新的單詞和流利地用俄語回答老師的問題，甚至可以用俄文和蘇聯小朋友寫信。我們跳蘇聯民族舞蹈，朗誦普希金的詩，高歌《卡秋莎》《紅莓花兒開》《小路》……

蘇聯電影讓我癡迷，我嚮往著有一天會去莫斯科的郊外會見一個迷人的白馬王子；我渴望著有人會溫存地愛我，撫慰我孤寂的心靈；我崇拜蘇聯的芭蕾舞女王烏蘭托娃……

我夢想著將來做一個俄語翻譯家、外交家，為此我努力學習，堅持不懈，充滿了幻想。

但是命運捉弄了我，我沒有被錄取進入大學，我失學了！

在時代潮流的推動下，我自願報名去了新疆。

1964年7月2日，在震耳欲聾的鑼鼓聲中，一列十二節滿載著熱血沸騰的青少年的列車開出天津，踏上了奔赴遙遠的天山的旅程。

列車上，青年們愉快地高歌《我們新疆好地方》《草原之夜》《邊疆處處賽江南》……有人敲起飯盒，用腳打著拍子跳起了庫爾班大叔舞和轉脖子的新疆舞，車廂裡歌聲飛揚，歡笑聲不斷。

列車在戈壁灘上飛馳……

為了更好地娛樂大家，領導選出幾個年青人組成了一個小小的宣傳隊，逐個車廂為大家表演歌舞，我也被選中了。我表演的是孟加拉舞蹈"罐舞"和新疆舞。

哎！你是誰？我和坐在角落的一個青年打招呼，他抱著一個手風琴告訴我說，他是我們的伴奏。

我仔細地打量他，見他濃眉下一雙迷人的好像挑戰式的眼睛看著我,還有那微笑的嘴唇,給了我深刻的印象!天哪!我在這去大西北戈壁灘的列車上遇到了我的白馬王子,我不得不相信這是命運的安排!

但當我二十八年後見到我的媽媽,她大吃一驚!媽媽說我的外祖父就是因為日本人的入侵,燒殺搶奪後而失去了大部分產業而生病氣死的,為此全家不得不離開南寧老家。我們和日本有仇啊!

媽媽萬萬沒有想到我竟然嫁給了一個日本人的兒子——我先生的媽媽是日本人,父親是歸國華僑。

媽媽很無奈。命運就是如此不可思議。

"快來看啊!烏魯木齊到啦!"大家呼啦一下子擁到了車窗旁。經過幾天幾夜的長途跋涉,終於看到了綠洲,看到了黃昏中大片燈光下的烏魯木齊市,太讓人興奮了!

初踏上這塞外江南的土地,一切都那麼令人好奇。街道兩邊高大筆直的鑽天楊樹向我們招手,空氣里散發著烤羊肉的香氣。紮著大辮子的維吾爾族等少數民族姑娘們歡笑地和我們打招呼,小巴郎子們好奇地圍著我們,聽我們唱歌。這一切使我們忘記了旅途的疲勞,立即愛上了這片土地。

我們被分配到烏魯木齊市近郊的農場的學校里工作。

我們都住在沒有窗戶的地窩子里。

我的工作是教音樂和舞蹈。在我的身邊圍繞著"布拉提""庫希坦""巴特兒""阿瓦爾古麗"等等可愛的維吾爾族、哈薩克族、烏孜別克等族的小娃娃們，我們的生活雖然清苦，但是充滿了快樂。

不久，天津傳來信息，我的奶奶認為她永遠再也見不到我了，我走的太遠了。絕望之下，奶奶自殺了，不久爺爺也隨之而去。

命運又給了我沈重的一擊。

我要學會生活，要勇敢地活下去。我還有夢想，有希望！

清晨，我們要用"爬犁子"車去給生產大隊去送肥料，下了課我們會扛起"砍土曼"去修水渠。有時我們也去天山上拉運石頭，修造"坎兒井"以便把天山的雪水引下來灌溉農場的農田。有時也會帶小學生們去拾麥穗、割麥子，勞動和工作使我們忙忙碌碌，也無比快樂！

新的校舍，也是我們師生們自己"打土塊"一間間蓋起來的。

看著同伴們開著拖拉機，在田野里奔馳，看著麥田里的金色麥浪和歡樂的孩子們，使我產生了更大的勇氣為生活而奮鬥。

有時，清晨我們三點鐘起床，穿上厚厚的棉衣褲和高高的氈筒靴，坐著大卡車去天山深處慰問邊防戰士，這是我們最高興的事情。

邊防戰士們也會殺豬宰羊來招待我們。

在刺骨的零下30幾度的嚴寒下，我們高歌《花兒為什麼這樣紅》《克拉瑪依之歌》，我們感受著冰雪高原的氣息，我們就生活在"冰山上的來客"的故鄉，這一切都是那麼地真實，那麼地吸引著我們。

我們用雙手在創造美好的生活，也在享受著生活的樂趣。

我和先生結婚的那天，熱情的朋友們拉來一大卡車西瓜、哈密瓜、克拉奇瓜、黃旦子瓜和無核葡萄，大家舉杯祝賀，彈起冬不拉、熱瓦甫，敲起了手鼓，載歌載舞直到清早還不肯散去。友誼溫暖我的心，我不再孤獨了。

在美麗的天山腳下，在皚皚白雪的博格達峰下，我們度過了十四個春秋。

美麗的新疆大草原養育了我們，我們成長了。

在這漫長的歲月里，我也無時無刻不在思念著我的媽媽和哥哥。很多時候，我會看著天上的飛機，幻想著某一天，我也會坐上飛機去台灣尋找我的媽媽，我等待著，盼望著。

終於有一天，我等來了媽媽通過無數次尋找才寄到我們在天津的姑姑家的來信，那是1972年尼克松總統訪問北京以後，我有了去香港和我媽媽及妹妹碰面的機會。這時我才知道我的媽媽和哥哥早已移民去了美國。

二十八年啊！真是不可思議！我急切地盼望著相聚的日子盡快到來！但是，我早已忘記了媽媽的模樣，也從來沒有見過出生在台灣的妹妹，怎麼辦？

還好，媽媽想到了一個辦法。她買了兩件一模一樣的天藍色白花連衣裙，分別寄給我和妹妹，讓我們那天同時穿上，便於相認。這真是好主意！

在廣州，我和兩個孩子與先生告別，坐上了開往深圳的火車。這是我和先生的第一次離別，難過得淚流滿面！

在通往香港的羅湖橋上，我們隨著人群走向通關通道。但是通道太長了，我抱著二歲半的女兒，四歲半的兒子幫我拖著裝滿了見面禮的一個大包，艱難地移動著。那是我們用省吃儉用的錢買的最好質量的馬奶子葡萄幹，我們不能丟掉啊。可愛的小兒子幫了我的大忙。

那天，我們出關後等了好久，沒有等到來接我們的表舅。孩子們又渴又餓，我急得快瘋了！

接近天黑時，表舅母終於出現了。她告訴我說我媽媽不知道表舅前幾天已經過世了，所以沒有人收到媽媽的信，也就沒有人來接我們了。是她剛剛接到我媽媽的電話，所以才趕來接我們的。我們終於有了可以棲息的地方，不至於流落街頭了。我流下了欣喜的眼淚。

第二天，我帶孩子來到香港"希爾頓酒店"。正當我走進大堂東張西望時，我聽到二樓陽台有人大喊我的名字，擡頭一看，有個金髮年青人向我揮手，是他一眼就從我的連衣裙上認出了我！他，就是我的妹夫，Serge。我的妹妹穿著和我一模一樣的連衣裙向我跑來，我們緊緊地抱在了一起，歡欣的淚水流滿了臉頰。這是期盼了二十八年的骨肉重逢！媽媽滿臉淚水說不出話來。一切仿佛在夢中，我們無法相信時光已將我們隔開了二十八年！

妹妹四歲去了法國，她的養父母是法國駐台灣和南非的大使，她嫁給了法國青年 Serge，我也有了一個外甥女和外甥。我們不知道如何才能表達我們的欣喜心情，太高興了！

哥哥也去了美國，和一個西班牙小姐結了婚，而且也有了一個兒子和女兒。我們的家庭壯大了，骨肉團圓了！！

我終於找到了自己的家庭了，我不是苦命的孩子了！

一切恍如夢中。歡笑和淚水交織在一起，徹夜未眠。

不久，媽媽準備為我們全家辦理了移民美國的手續。

1978年11月，我們啟程去了香港。

離開新疆的那天，我和朋友們依依不捨地告別。

"天山腳下是我可愛的家鄉，當你離開它的時候，好像那哈密瓜斷了瓜秧……"我的耳畔始終縈繞著那醉人的歌聲，回憶著那些年我們穿著厚厚笨重的大棉襖和高高的氈筒靴子像小白熊一樣地在高山上跳舞唱歌的日子，依依不捨，淚流滿面。

再見了，高高的白楊樹！再見了，美麗的新疆！

西北邊疆的生活鍛煉了我，教會了我如何去自力更生創造自己更加美好的未來，我會更加勇敢地生活下去的。我準備著命運給我的更多的挑戰。

命運安排我們一家登上了飛往紐約而不是莫斯科的飛機。

紐約到了！下了飛機的第二天，我們時差還沒有調整過來，頭昏昏地就掙扎著到"中國城"找工作去了。我們太擔憂了。還算幸運，先生找到了在"銀宮酒樓"蒸點心的工作，我在"喜相逢"酒樓做了賣點心的小姐。總算安頓下來了。

我們夫妻倆一早四點就起床，趕去上班，下午我還要去一個西班牙珠寶商那里穿珠子做項鏈和耳環等手工，生活過得十分清苦。

偶爾有一天，我發現"世界日報"上有個毛織工廠招工的廣告，我高興地去應徵。

因為我從小就熟識編織毛衣和手鉤花邊等手工，老板娘十分看好我的手工，讓我拿回家一大包手工織片，讓我去做縫合和鉤花邊等工作。從此我身兼兩份工作，忙碌不已。

半年後，我買了一台日本制造的手推毛衣編織機，開始自己編織一些毛衫和連衣裙，放在舅媽的雜貨店的櫥窗上展示給路人，並給客人量身訂做毛衫和衣裙。

沒想到我的手工獲得了不少外國小姐和太太們的讚賞，定單不斷，我居然成功了！我可以自己做生意啦！後來我想租一個大一點的地方，多做一些款式，多拿到更多定單。

我把我的想法告訴媽媽，我的美國繼父，善良的，畢生在鐵路局服務的 John Walter 先生立馬去銀行取了500美元現金匯給我，讓我付定金，希望我馬上開業。

我開心極了！我在 Steinway 街租了一個小小的屋子，自己動手粉刷一新，擺上我的唯一的小手織機，開始了我自己的毛織公司生意。

但是我自己一個人忙不過來，請人加工定單又不夠，怎麼辦？

於是我自己趕做了十件樣衣，準備去第七大道尋找客戶。

一個大雨天，我撐著一把雨傘，推著一個小購物車，在第七大道上查看每一幢大樓的大堂內的公司名單表，只要有標注著KNITWEAR 的公司名稱，就按電梯上樓去按門鈴，用我剛剛學到的那幾句英文和人家打招呼，介紹我的手工毛衣樣衣。

終於，我遇到了我的貴人，有一個叫 Iris 的設計師為我開了大門。當我把我的樣衣攤開到桌子上時，Iris 和老板 Mrs. Coven 一下驚呼起來！我當時只聽得懂"Beautiful"，但是從他們兩人興奮得大叫的表情上，我知道我成功了！

我留下了他們選中的幾件樣衣，高興地回家了。

幾天後，老板打電話給我，說有一個粉紅色的領口和袖口勾了六層花邊的款式被一個名店"Bergdorf Goodman"挑中了，訂了500件。Mrs. Coven 興奮地立即打電話讓我去拿定單做加工。

天哪！我的第一個定單居然是世界上最有名的商店定購的！欣喜之下我馬上著手準備請人幫我做產品。

我又趕緊登報找女工，並又添加了兩部手推毛織機。

幾天後，我們的小加工廠熱鬧起來了，機織聲和新來應徵的幾位太太的笑語聲使這個小小的加工廠充滿了生機，紐約市又多了一個中國華人開辦的毛衣服裝廠了。

這時，賣手織機的華人老板先生又為我介紹了另外一家做相同毛衣的美國公司，我的創作樣品又得到了新的公司老板的讚賞，我們的定單多得無法完成了！一切看來非常順利。

我和先生開始忙不過來了！

為了更好地如期交貨，我們決定把這個小毛織廠擴大經營，準備搬到曼哈頓七大道附近的工廠區，租個比較大的廠房，同時也縮短了每天出貨用在交通上面的時間。

很快地，我們在西三十五街找到了一個四千平方英尺的廠房，我們壯著膽子承租了下來。

日子在忙忙碌碌中過去了兩年，我們的工廠在紐約華人中已經很有名氣了！我們從月初忙到月底，每天工作十二個小時。

我們除了為員工提供免費午餐的主食，也經常舉辦歌曲比賽和租用大型豪華汽車，把工人們帶到香港和台灣的名歌星的演唱會上去聽音樂會，去大西洋賭場去玩一玩，大家開心極了！

1982年，我們開辦了自己品牌的 Showroom，除了給原來的兩個供貨商做加工外，我們還向全美國的時裝精品店和高檔百貨商店推銷我們自己的服裝。

為此我絞盡腦汁設計新產品，日以繼夜地不停地工作。

我們訂購昂貴的優質法國兔毛，並且採用真的動物毛皮點綴毛衫的領口、袖口和衫擺，加上覆雜的珠片和刺繡等等，如此這般，我們的毛衫很快在全美國，甚至加拿大、南美洲暢銷了！我們的客戶發展到了幾百家。

但是我不能固步自封，我必須每天埋頭在各國有名的厚厚的時裝雜誌里吸取靈感，我要保證我的 Showroom 每一個季節都要有新的產品供客戶挑選。我要親手制作每一個新的樣板衫。同時，我還要和其他的Showroom 競爭，還要與一些抄襲我的款式並低價賣給我的客戶的對手們競爭，為此我必須不停地推陳出新，努力地工作.

一天，我上班時，我的銷售主管告訴我，早上美國電視台的"Good Morning, America"電視節目主播穿著我們的毛衫在廣播了，這真是對我極大的鼓勵！

從這以後，閃光燈和攝影師們經常出入我們的展示間內，當我看到那些美國的名歌星們、漂亮的選美小姐們用讚美的手勢誇讚我時，當我看到Bloomingdale's商店在New York Times上為我們的產品做整版廣告時，當我聽說好萊塢的明星在Nordstrom商店詢問我的毛衫擺放在哪個位置時，我的心被融化了。

顧客的肯定是對我更好的鼓勵，但我不能洋洋自得。我需要加倍努力，需要前進，需要創新！

為此，我們決定去印度第二大城孟買去採購更多精美手工的毛衣輔件來點綴我們的毛衫和裙裝。

出發前我仔細研究並制作了很多patterns。

在孟買，Kuma廠長帶我們參觀了他的手工作坊。印度人的刺繡和珠繡等手工讓人嘆為觀止，目不暇接。我們來對啦！

我們滿載而歸。

我們的產品更暢銷了，甚至連"Saks""Neiman Marcus""Barneys"這些名店都和我們開始了業務聯系。

經過多次研究，我把Intarsia的工藝和人們喜愛的各種動物花紋填加一起，加之多種顏色的幾何圖案的組合，產品更加多元化了，定單也就更多了。

當年的Trump Tower里掛滿了我們的產品，我們的名聲擴大到了全世界。連 Ivana Trump 也都表示願意和我們合作了。令人振奮的消息不斷傳來，工作既艱苦又愉快。

我的女兒 Linda 和我一樣，酷愛外國文學。她十六歲高中畢業後就只身一人去羅馬上了五年大學。回美後嫁給了一個意大利青年 Claudio，現在有一對可愛的雙胞胎 Seb 和 Kika，及可愛的小女兒 Camilla。Kika 和 Camilla 舞蹈和自由體操都是一流棒，家里擺滿了獎杯和獎狀。我太自豪了！

兒子長大了，準備和一個在尼泊爾出生的藏族女孩結婚了。婚禮那天，妹夫 Serge 帶著全家開著自家遊艇從法國海港一路開到紐約的哈迪森河畔，我的同母異父的弟弟也抱著雙胞胎趕來，加上媽媽和舅舅一家及我哥哥的女兒及兒子，一家二十幾個成員歡聚一堂，好不愉快！

我和先生坐在大堂中央顯要位置，脖子上掛滿了哈達，我也高歌一曲"啊！喜馬拉雅山啊，再高也有頂啊……"在"扎西德勒""巴扎嘿"的問候聲中，大家舉杯慶祝。

當我們全家乘坐遊艇環繞曼哈頓一周時，我看著河水，想起了因"太平輪"事件喪生的父親，不禁悲從中來！

爸爸，安息吧！我們全家已經是二十五人的大家庭啦，我們從此不再分離啦！

因為時代的變遷，我們全家現在由十個國籍的成員組成，我已不是苦命的孩子啦！我是幸運的，幸福的！

日子在忙碌中，一晃忙過了三十年。

二零零八年，金融風暴之後，美國經濟衰退了。

高檔時裝市場受到了極大的沖擊！很多商店倒閉關門了。有些商店拿到我們的產品後拒不付款，有些商店催我們發貨，但收到貨後告訴我們他們申請破產了，不需付款給我們了，我們開始無法付工廠房租，無法支付 Showroom 的各項開支，無法付原料費，甚至無錢發放工人的工資了！

我們被推到了風口浪尖上了，不知所措了。

盡管我們想盡各種辦法力挽狂瀾，但是形勢太不利了！

我們必須要認清形勢，改行了！真是讓人痛心的決定。

我們開始廉價清理庫存的毛衣，登報紙半價出售我們的毛織機、兔毛、珠片、毛紗線等等。看著多年積蓄的財產一天一天減少，而欠的債務也越來越多，心如刀絞。

我開始沈思，尋找新的出路！

只要人還在，心就在，一切需要從頭再來。我們不能倒下去！

一天，朋友約我去附近的一個舞蹈學校參加一個生日晚會。

當我看到那麼多中國人拉著那麼漂亮年青的外國老師，隨著優美的音樂翩翩起舞時，我被震撼住了，深深地陶醉了。天哪！我這三十年埋頭在毛衣里，竟完全忽略了我喜愛的舞蹈！我突然忘記了我也曾是一個瘋狂的舞蹈愛好者呀！

我迫不及待地報名參加了一個國標舞團體班。

我深深地陶醉在優美的華爾茲和探戈的旋律中，我每天都要去上課，練舞，完全被迷住了！

我結束了毛衣生意，開始在曼哈頓尋找地盤，自己也開辦一個 Dancing Studio。

經過多天探索，我看中了西36街的一個7600平方英尺的地盤。但是租金太貴了，除了租金，加上電費、垃圾費和清潔費，每月至少二萬五千美元。這對我這個外行人來說，實在是一個極大的冒險。怎麼辦？經過和兒子及老公商議後，我決心再迎接這個新的挑戰，闖一闖試試！

馬上，我投入了裝修舞校的緊張工作之中。我無錢請外國設計師，自己帶著裝修工人們按照我的想法實地測量及改造，經過二周多的辛苦努力，把一個破舊的車衣工廠改造成一個美輪美奐的 Dancing Studio，我的理想變成現實了！

2009年五月底，MBD 舉辦了盛大的開幕舞會。

我們邀請了世界國標舞冠軍卡秋莎和阿如那斯為我們表演了令人嘆為觀止的華爾茲舞和探戈舞，也有一些外國舞蹈團體參加了表演，為我們祝賀。一千多名舞蹈愛好者前來捧場，好不熱鬧！面對大家美好的祝福和支持，我深深地被感動了。

生活的確需要有夢想，有夢想才會有行動。

美好的生活是需要自己去尋找，去努力實現的。這是真理！

我們除了教課外，也邀請世界各地有名望的舞蹈教練們、冠亞軍們來我們這里教大課，開短期集訓班。

因為我們位於曼哈頓市中心，交通發達，而且舞場面積大,舞池方正,所以吸引了無數的舞蹈愛好者們前來拜訪及參與。同時,很多舞蹈團體也紛紛跑來租用我們的場地開 party。這樣一來,一周七天都安排得滿滿的,好不熱鬧呢!

這時我才知道,在美國民間流行著各種各樣的舞蹈,像 Salsa, Bachata, Merengue, American Smooth, American Rhythm, Argentina Tango……各種各樣的舞蹈娛樂著各國的和各個年齡段的人民的生活。

從人們歡樂的臉上,特別是中老年人笑逐顏開的歡笑聲中,我體會到世界各民族文化的偉大,感受到生活的美好,就更加熱愛生命,珍惜生命。

我認識了一些癌症病患,他們堅持跳舞,戰勝了病魔。從他們的臉上、舞姿上,根本看不到病態,甚至比我們沒有病的人還跳得優美漂亮,令人佩服!

真是舞蹈源於生活,又美化了生活!

我們也為一些腦癱兒童開慈善捐款舞會,希望他們能得到必要的醫療,過上正常人的生活。

我們也為患上癌症的師生舉辦慈善舞會,幫助他們戰勝病魔,重回舞蹈行列,重新享受美好的人生!

我要盡我所能,去幫助那些需要幫助的人,這樣我的人生才會更有意義,更有價值!

我們中國人都酷愛跳舞唱歌,也是紐約舞蹈界的主力軍。每天,都有看到各個年齡段的中國人進來和我打招呼、上課、練舞。在美國和世界很多的舞蹈比賽上，都少不了我們中國人的身影，真的令我十分驕傲！

我想方設法說服我的舞蹈老師用我們中國的歌曲來編排表演舞蹈，並參加舞蹈大賽。

我們也多次舉辦了"Dancing with My Star"這樣的表演舞會。為此我要求我的俄羅斯老師 Alexey 和我編排用《天路》做舞曲的 Rumba 舞。他欣然同意了。

表演那天，當韓紅優美的歌聲響起，全場鴉雀無聲，大家驚嘆這天籟之聲，陶醉了！

當我們表演完畢，全場觀眾立即起立鼓掌，歡呼聲不斷。大家不停地向我們表示祝賀！那一刻，真的是太感人了！

我們成功啦！我熱淚盈眶,真誠地謝謝大家！！！

我需要把我們中國的音樂融入到世界音樂之中，發揚光大！當雲飛的《離別草原》之歌在曼哈頓世界舞蹈大賽中剛剛響起，全場觀眾頓時被震撼了！他們第一次聽到和看到這麼特殊的華爾茲，這撥人心弦的草原之歌給了各國舞蹈家們無限美好的藝術享受！我和 Anton，我的另一個俄羅斯老師高興地擁抱，互相祝賀，興奮之情難於言表。

當然我也沒有忘記我最喜歡的俄羅斯音樂和歌曲。

舞台上，夜幕下的莫斯科白樺林和 Vladimir Troshin 所唱的《莫斯科郊外的晚上》這首風靡了中國幾代人的優美歌聲在 Manhattan Center 大堂里回蕩，我和俄羅斯老師 Alexey 跳著優美的華爾茲。

我實現了我兒時的夢想！一切猶如在夢中。不可思議的人生，美好的人生！

但是，生活中也總是有很多的不如意。

在醉心美妙的音樂里，也有很多的明爭暗鬥。很多嫉妒我的人背後說我的壞話，惡意中傷我；在周末舞會上故意帶進烈酒然後報告警察局，故意降低應該交付的 Floor Fee，把我們的學員拉向其他的 Studio，故意派人在我們的舞會上群毆……我們必須要面對這一切，必須要高價付款給律師們用法律途徑解決這些問題！

在鮮花和掌聲的背後，也有不少的擔驚受怕和痛苦的眼淚，和被告到法庭的恐懼。

我，一個中國人，不能被歧視，不能倒下去！我要挺住！

我迎接著每一個清晨，趕到曼哈頓去上班，我迎接著每一個師生的"Good morning"的問候，我們愉快地開始美好的一天，跳躍著，舞動著！

2018年在紐約春晚歌舞會上，我為名歌星 Jared Bybee 伴舞，並還見了尼克松的外孫。我告訴他我的媽媽曾經采訪過他的外祖父，他開心極了。

舞蹈，也把世界上愛好和平的人們的心連在了一起。

在巨大的水晶燈下，在五彩燈光的照射下，我們中國的舞蹈愛好者們和各國的舞蹈教師們跳著歡快的 Venice 華爾茲圓舞曲和激情的桑巴舞.....

　　快速的旋律，亮麗的舞裙，歡欣的笑容，這一切美化了我們的生活，豐富了我們的人生！

　　我們的未來不是夢，我們的心隨著音樂在跳動。

　　舞蹈帶給我們更加美好的人生！

感 言

黃雅純

　　這本書集合近年登載在不同雜誌的短文和尚未發表的新作，書名取自一首名歌，稻花隱喻中國文化基因的特殊香味兒。考古證實，八千年前的中國人成功栽育稻穗，從此啟蒙了世界一枝獨秀的華夏農業文明。書名又指向1949年左右移居台灣的外省人與生於台灣的下一代，這兩代前世與今生的遭遇雖截然不同，但感情上對稻花香根源的泥土香都有同樣的眷戀。

　　書中以舌尖上的記憶串連感情，因為舌尖最知冷暖，最理解酸甜苦辣，最能誠實地透露人的心思。

　　書中雖以自家的事為主軸，但卻試圖影射許多外省家庭經歷過的特殊時空下的喜怒哀樂，所以我選擇用漫畫代替舊照，因為家庭照反而隔閡了與讀者的距離，漫畫的共通趣味性更能喚醒我和同一代相似的記憶印象。

　　特別感謝古銑賢先生，他是今年市長選出的舊金山傑出文化貢獻者，在市府特定"古銑賢日"為他舉辦的《古銑賢個人畫展》的殊榮百忙中還抽空為我作序。古先生為人"古意"，受人稱道，是華人傳播媒體協會前會長，中華藝術學會榮譽會長，以及獲得數不清成就的佼佼者，人人尊稱他為"古大俠"，以他的地位能屈就為我"兩肋插刀"的豪邁與支持令我受寵若驚，感激涕零！

感謝林中明教授將我畫好的原圖以"墨分五色，白具五味"陰陽對比的美學理論通過電腦，植入了戲劇性的效果和背景，他像魔術師完美準確呈現出作者的感情，讓讀者更願意跨進圖片，瀏覽場景，聆聽我的故事。

感謝我的編輯和壹嘉出版社長劉雁給我提供了許多重要史料，例如我的姑父張煌在抗戰文化中的角色等等，加上姑媽的回憶錄，使我在《Bonjour, Bonjour》中得以將他的形象描述得更為清晰、準確，她的序不但知我之心，也令我感動。

感謝壹嘉出版社團隊的努力，沒有妳們，我真不知道在這疫情肆虐的三年中如何將我的夙願完成。

總之，回憶成長之路，回首人生，寫下了我的故事，也豁然明白，該感恩的是太多太多了。

www.ingramcontent.com/pod-product-compliance
Lightning Source LLC
Chambersburg PA
CBHW022059120526
44592CB00033B/184